미래에서 전해 드립니다

훨씬 살 만한 세상을 위한 상상 뉴스,
인권에서 기후 재난까지

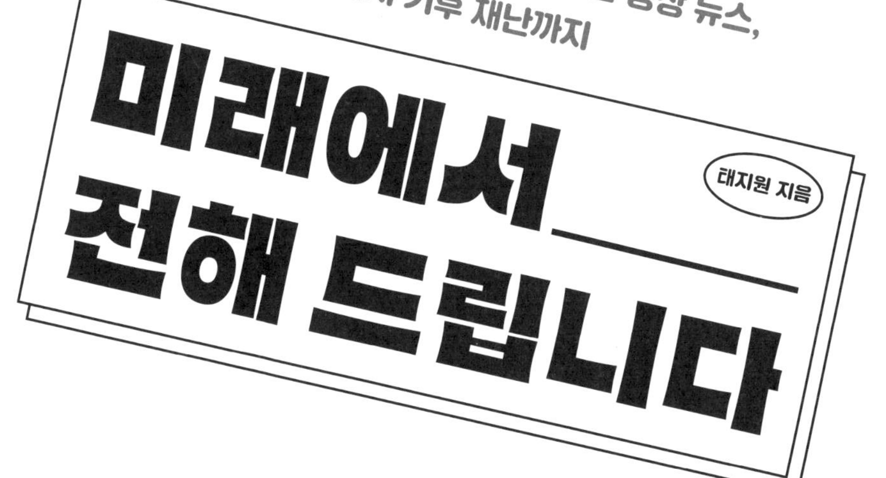

○○의 상상은 현실이 될까요?

여러분, 안녕하십니까? FBS 뉴스의 새로운 프로그램!
〈사라진 것을 보여 드림〉의 인공지능(AI) 고양이 기자,
'꿈꾸 냐옹'입니다!

이 책을 보는 여러분은 2023년쯤, 과거에 살고 계시겠죠?
여러분이 믿고 있는 상식은 언제까지 통할까요?
가까운 미래에 세상이 어떻게 바뀔지 궁금하지 않으신가요?

현재의 소중한 가치가 미래에는 시시해질 수 있고,
지금은 상상할 수 없는 기술이 훗날에는
숨 쉬듯 자연스러운 일상이 될지 모릅니다.

우리는 과연 더 나은 내일을 살게 될까요?
원한다면 상상해 보세요.
가까운 미래에 보고 싶고, 듣고 싶은 뉴스!
지금부터 제가 전해 드립니다. 냐옹!

차례

2장 ♦ 고령화

노인을 위한 나라가 없다니 상상이 되십니까

3장 ♦ 양극화

그 많던 노숙자는 어디로 갔을까요

4장 ♦ 기후 재난

탄소 중립, 어디까지 왔을까요

5장 ♦ 정상 가족

비정상은 없고 모두 정상입니다

6장 ♦ 지방 소멸

전국 곳곳이 핫플레이스입니다

7장 ♦ 장애인 인권

모두를 위한 정류장에서 눈을 가려 보겠습니다

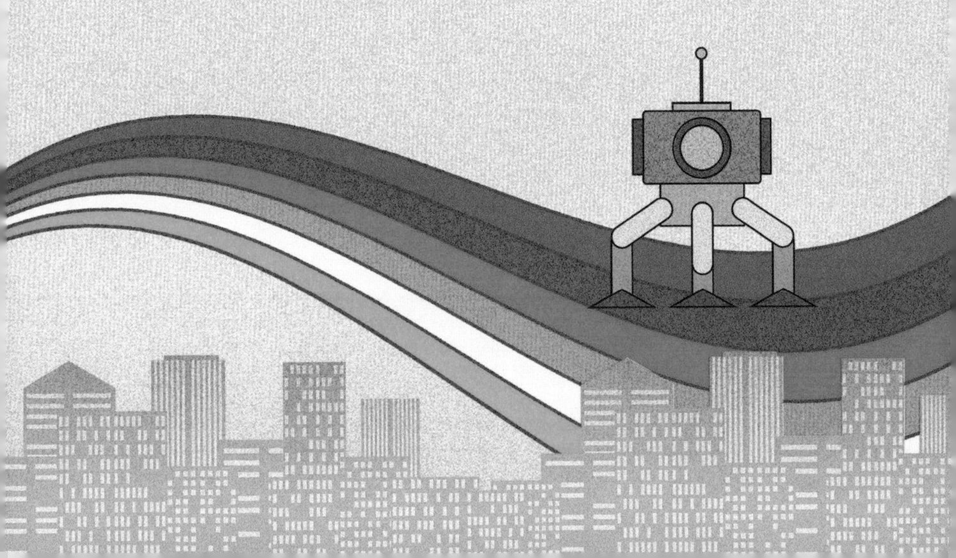

1
학벌

"동묘 시장에서 5대 점퍼를 팝니다"

꿈꾸냐옹

냐옹 기자 여러분, 안녕하십니까? 〈사라진 것을 보여 드림〉의 AI 고양이 기자, 꿈꾸 냐옹입니다!
저는 지금 서울의 대표적인 구제 시장인 동묘 벼룩시장에 나와 있습니다. 여기에서 아주 특이한 야구 점퍼를 찾았는데요.

김두식(시장 상인) 아, 이게 야구 선수가 입었던 게 아니고 대학생들이 입었던 거예요.

냐옹 기자 대학생만 입었다는 이야기입니까?

김두식(시장 상인) 여기 'SEOUL UNIVERSITY'라고 써 있잖아요. 서울대 학생만 입은 '과 점퍼'예요. 예전에 공부 잘하는 학생만 갔던 대학교거든요, 거기가.

냐옹 기자 그럼 이 점퍼는 지금도 희귀템이지만 그때도 희귀템이었겠군요.

김두식(시장 상인) 그쵸. 요즘 젊은이들은 이런 점퍼의 존재 자체를 몰라서 아예 찾지 않지만, 나이 드신 분들은 옛날 추억을 되새기고 싶어 가끔 동묘에 와서 이걸 찾아요. 학창 시절에 이거 입어 보는 게 꿈이었다고 막.

냐옹 기자 네, 그렇습니다. 한때 대학생들은 소속 대학이나 전공 학과 이름이 큼직하게 적힌 옷을 입고 다녔습니다. 지금 시대에는 대학 이름이 존재하지 않고 그저 1대학, 2대학처럼 번호가 붙어 있을 뿐이라 낯선 분들 계실 텐데요. 그러나 과거에는 매일 입는 점퍼에 학교 이름을 새겨 넣을 만큼 대학의 이름이 중요했다고 합니다. 왜 그랬을까요?

그 이유, 지금부터 제가 보여드리겠습니다. 냐옹!

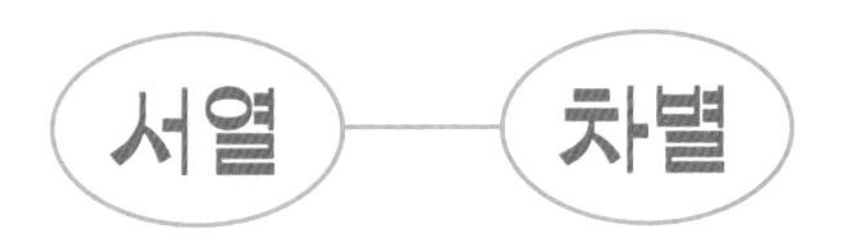

당신 어느 대학 나왔어?

2011년, 나는 몇 등급 신랑감?

자, 지금부터 깜짝 놀랄 이야기를 전해 드리겠습니다! 과거 2011년에는 결혼 상대를 찾아 맞선을 주선해 주는 결혼정보 회사가 있었습니다. 그중 한 회사에서 만든 고객 등급표가 논란이 된 적이 있는데요. 남녀 회원을 일정 기준에 따라 점수를 매긴 것이었습니다.

오른쪽의 표를 보시죠. 남성 회원을 평가하는 서열과 등급이 어찌나 촘촘한지 숨이 막힐 지경입니다. 평가 기준은 나이, 재산, 소득, 외모 등 여럿인데 그중에 학벌도 보입니다. 구

등급	재산	학벌	키/몸무게
1	100억 원 이상 : 100점	서울대, 카이스트, 미국의 명문대: 80점	185cm/75kg : 60점
2	60~100억 원 : 95점	연세대, 고려대, 미국의 100위권 대학: 77점	183cm/73kg : 58점
……			
9	3~5억 원 : 60점	지방 4년제 대학 : 56점	169cm/59kg : 44점
10	3억 원 이하 : 55점	2년제 대학 : 53점	167cm/757kg : 42점
* 얼굴과 몸매는 무난해야 함 ** 대머리: -10점/ 키 167cm 미만은 2cm당 -5점			

2011년 어느 결혼정보 회사의 남성 회원 등급표

체적이고 세세하죠. 남녀가 만나 결혼을 할 때 서로 따질 만큼 학벌 즉, 어느 대학을 나왔는지가 중요한 기준이었다는 이야기입니다.

결혼 외에 더욱 직접적으로 학벌이 영향을 미치는 부분도 있었습니다. 취업이나 승진의 기회, 임금이나 소득의 수준, 사회적 대우가 학벌에 따라 달라지는 차별은 비교적 흔하게 벌어졌습니다. 2020년 한 구인구직 플랫폼에서 조사한 결과, 절반 이상의 기업이 "학벌이 채용에 영향을 미친다"라고 대답했습니다. 웬만하면 학벌이 좋은 지원자를 더 높게 평가하거나 우선 순위로 선정한다고 답한 것입니다. 기업 다섯 곳 중 한 곳에서는 입사 후에도 학벌이 좋은 사람을 주요 부서나 프로젝트에 배치한다고 대답했습니다. 또한 같은 명문대를 나온 직원들끼리 인맥을 만들어 승진에도 유리하다고 했습니다.

정부 관료, 고위 공직자, 국회의원, CEO 등 사회의 주요 관직을 몇몇 명문대 출신이 장악하고 있는 일도 흔했습니다. 사회의 권력을 나누는 데에도 학벌이 무척 중요한 역할을 했던 겁니다. 이에 따라 상위권 대학에 가서 좋은 학벌을 얻기 위한 경쟁도 더욱 치열해졌습니다.

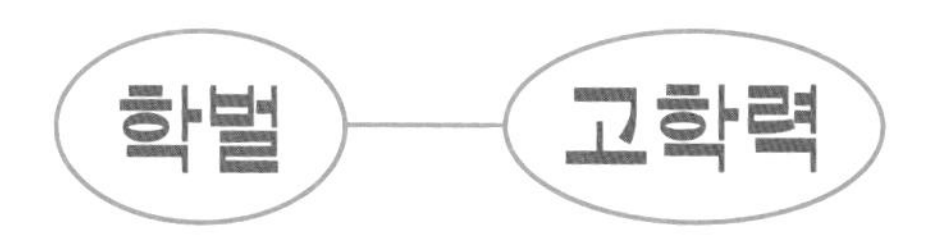

대학 '과잠'의 비밀

2019년, 과잠을 입는 신입생들

지금 보시는 것은 2019년 봄, 대학가 풍경을 담은 영상입니다. 학생들이 흔히 '과잠'이라고 부르는 과 점퍼를 교복처럼 입고 다니는 모습이 눈에 띕니다. 과 점퍼는 특별한 행사 때만 입는 것이 아니라 학교 밖에서도 항상 걸치고 다닐 만큼 학생들이 즐겨 입는 패션 아이템이었습니다.

물론 단순히 우리 학교라는 소속감을 드러내기 위해 입은 경우도 있었을 건데요. 그러나 평소에 자랑스레 보여 주고 싶을 만큼 학교 이름은 개인의 정체성을 나타내는 요소로 작용

2019년 새 학기를 맞은 서울의 한 대학 캠퍼스

했다고 합니다. 학벌이라는 것이 사회에서 중요한 의미를 띠고 있었기 때문입니다.

학벌이란 원래 '학문을 닦아 획득한 사회적 지위나 신분'을 말합니다. 이러한 학벌을 중요시하는 사고방식을 '학벌주의'라 하는데, 이는 과거 우리 사회의 지배적인 분위기였습니다. 한국에서는 이른바 '간판'에 따라 대학의 등급과 서열을 매기고, 누가 어느 대학에 다니냐를 두고 그 사람을 평가하는 사회적 분위기가 짙었습니다.

왜 그렇게 대학 간판을 중요하게 여겼던 걸까요? 대한민국 학벌주의의 기원을 살펴보려면, 비교적 긴 역사를 거슬러 올라가야 합니다. 혼돈의 일제강점기를 지나 6·25 전쟁까지 치르고 나자 그전까지 강력한 힘을 발휘하던 신분 제도가 무의미해졌습니다. 기존의 신분과 계층이 무너지고 뒤섞인 상황에서 새로운 사회 계층*을 구성하는 데에 교육은 중요한 수단이 되었습니다.

어떤 사람이 좋은 시험 성적을 거두어 대학교에 들어가 무사히 졸업까지 끝마쳤다면, 이는 단순히 '가방끈(학력)이 길다'는 것 정도를 의미하지 않았습니다. 그 사람이 공부를 위해 노력했을 뿐 아니라 충분한 능력이 있다는 걸 의미했습니다. 그리고 이 노력과 능력에 따른 보상으로 좋은 기업에 취직하거나 더 높은 임금을 받을 수 있었습니다. 이른바 "개천에서 용 난다"라는 속담처럼 교육은 더 높은 계층 이동*을 위한 사다리 역할을 한 셈입니다. 이러한 상황에서 대개의 부모는 자녀가 열심히 공부해 좋은 성적을 거두고 성공하기를 바랐습니다. 이는 곧 '한국인의 뜨거운 교육열'로 이어졌습니다.

2023년, 인 서울이 뭐길래

교육열은 고학력 현상을 낳았습니다. 고등학생이 대학에 진학하는 비율은 점차 높아져서 1981년에 30%를 넘던 것이 1994년에 40%, 1995년에 50%, 2001년에는 70%를 넘어설 정도로 급격하게 치솟았습니다. 고등학교 졸업자가 대학에 진학하는 건 어느 정도 당연한 일이 되고 말았고요. 이제 대학을 나왔는지가 아니라, '어느 대학'을 나왔는지가 사회적 지위를 가늠하는 중요한 기준이 되었습니다. 이른바 명문대라 일컫는 상위권 대학이나 서울 안에 위치한 대학을 졸업하는 것이 거의 모든 학생의 희망 사항이었던 것입니다.

거의 모든 학생이 같은 것을 원하고 꿈꾸니 어찌 되었을까요? 간판 좋은 대학에 가기 위한 입시 경쟁이 치열해진 것이죠. 또한 전국에 있는 모든 대학은 입학 성적에 따라 서열이 매겨졌습니다. 새롭게 만들어진 신조어를 보면 그 시대의 분위기를 짐작할 수 있다고 하는데요. 어디 한번 그때 신조어를 보겠습니다.

스카이(SKY).

인 서울(In Seoul).

여기서 스카이는 서울(Seoul)대, 고려(Korea)대, 연세(Yonsei)대의 영문명 첫 글자를 딴 것이고, 인 서울은 서울 안(In)에 위치한 대학의 줄임말입니다.

이런 상황에서 대학 이름이 새겨진 과 점퍼는 때때로 학벌의 힘을 은근히 과시하는 도구로 쓰였습니다. 명문대 학생들은 자신의 정체성과 소속감을 드러내는 것뿐 아니라 우월한 지위를 과시하기 위해, 또한 다른 대학에 다니는 학생들과 자신을 차별화하기 위해 과 점퍼를 입기도 했습니다.

입시 경쟁 — 사교육

죽도록 해야 하는 공부

2020년, 사교육에 점령당한 동네

지금 제가 있는 곳은 서울 강남구 대치동입니다. 이곳은 현재 상업 시설과 공원이 들어서 있습니다. 시민들이 번화가를 오가거나 공원에서 운동을 하는 모습이 눈에 띕니다. 그러나 불과 몇십 년 전인 2020년에만 하더라도 지금과 다른 풍경이 펼쳐졌다고 합니다. 당시 저녁의 대치동은 급박하게 움직이는 초중고생과 이 학생들을 실어 나르는 학부모의 차로 가득 차 있었습니다. 어떤 이유에서였을까요? 이곳이 한때 대학 입시를 위한 대표적인 학원가로 자리 잡았던 동네이기 때문입니다.

당시 뉴스 인터뷰를 보겠습니다. 학원 수업이 끝난 학생에게 기자가 “왜 밤늦게까지 학원을 다니나요?”라고 질문합니다. 그러자 학생이 피곤한 기색으로 이렇게 답합니다.

김봉석(중학교 3학년) : **남들보다 열심히 공부해야 시험을 잘 봐서 좋은 대학에 갈 수 있잖아요. 그래야 좋은 직장에, 돈도 많이 벌 수 있고요.**

2020년에는 명문대에 입학하기 위해 높은 성적을 받아 입시 경쟁에서 이기는 것이 청소년들 앞에 주어진 중요한 목표였다고 합니다. 자연스럽게 또래보다 더 많은 시간 동안, 더 빠른 진도로 학습하는 것에 공부의 초점이 맞춰졌습니다. 학교의 공교육만으로는 이것이 불가능했기 때문에 사교육을 위한 학원이 인기를 끌었습니다. 2021년 사교육비에 들어간 연간 지출 총액은 약 23조 4,000억 원에 이를 정도였습니다. 당시 우리나라 GDP*의 거의 1%에 해당할 정도로 적지 않은 금액입니다.

해방 이후 입시 제도가 끊임없이 바뀌었지만 그 어떤 것도 사교육 성행을 막지는 못했습니다. 사교육 관련 업체는 날이 갈수록 늘어났고, 남보다 앞서가기 위해 학생들을 선행 학습* 시키는 학원도 많았는데 그 정도가 지나친 경우도 있었습니다. 당시 기사들을 보면 초등학생이 고등학교 1학년 수학 과정에 있는 미적분을 배운다거나, 기저귀 찰 때부터 이미 영어 사교육을 시작했다는 이야기가 눈에 띕니다.

2022년, 행복하지 않은 아이들

과연 이렇게 심각한 경쟁 사회에서 학생들은 행복했을까요? 통계를 보면 알 수 있습니다. 2020년을 전후해서 우리나라 청소년의 '삶의 만족도'는 OECD(경제협력 개발기구)* 22개국 중 꼴찌를 기록하거나 최하위권에 머물고는 했습니다. 2022년에 보건복지부와 아동권리보장원이 진행한 〈아동 권리 인식 조사〉는 이를 더욱 자세히 보여주는데요. 아동(초등학교 4학년 이상~고등학교 2학년 이하)을 대상으로 행복한지 물었을 때, 응답자 1,379명 중에 377명인 23.3%가 "행복하지 않다"라고 대답했습니다. 그리고 행복하지 않은 이유로 "친구들과 경쟁하고 공부하는 게 너무 힘들다"라는 것을 1순위로 꼽았습니다.

2018년 수능 시험장 앞의 풍경

승자를 가리기 위한 성적 지상주의가 학생들의 삶의 질을 얼마나 떨어뜨렸는지 짐작할 수 있습니다.

SKY의 세상

2016년, 학벌주의가 어때서요?

아이들이 공부 때문에 행복하지 않다, 정말 문제가 있어 보이는데요. 이처럼 승자를 가리기 위한 성적 지상주의와 학벌주의는 어떤 사고방식을 불러왔을까요? 이와 관련해 2016년, 명문대로 불린 한 대학교의 온라인 커뮤니티 익명 게시판에서 화제가 된 글이 있습니다.

[익명] 솔직히, 난 학벌주의가 더 심해졌으면 좋겠음.
공무원 시험이나 대기업 채용도 그렇고 연봉 정할 때 명문

대 출신이 더 대접받아야 한다고 봄.

나는 남보다 노력해서 명문대 온 거임.

노력한 사람이 노력하지 않은 사람보다 대접받는 게 당연한 거 아님?

입시 준비를 위해 노력하고 경쟁에서 이긴 만큼 보상을 받고 싶다는 논리. 겉보기에는 그럴듯한 이야기처럼 느껴집니다. 이처럼 실력과 노력에 따라 보상받는 것이 정당하다는 사고방식을 능력주의*라 합니다. 이러한 사고방식은 합당한 것이었을까요?

능력과 노력에 따라 보상을 받기 위해서는 그만큼 공정한 경쟁이 보장되어야 합니다. 그러나 당시의 대학 입시는 공정한 게임이라 보기 어려운 측면이 있었습니다. 앞서 말씀드린 대로 우리나라의 경제 성장기에는 교육이 계층 이동의 사다리 역할을 했습니다. 그러나 경제 안정기에 접어든 이후, 교육은 오히려 '계층을 대물림하는 수단'이 되었습니다. 서울 소재 대학 졸업자들을 대상으로 부모의 계층을 조사한 자료를 보면, 가족의 사회·경제적 지위가 높을수록 서울 4년제 대학 졸업자 비율도 높은 걸 알 수 있습니다. 그뿐만 아니라 서울 상위권 대학의 경우, 부모의 사회·경제적 지위가 자녀의 학벌에도 영향을 미친다는 걸 알 수 있습니다.

2019년, '스카이 캐슬'의 시대

대학 입시는 특권층의 지위를 대물림하는 데 영향을 미치기도 했습니다. 그 모습은 2019년 큰 인기를 끈 〈스카이 캐슬〉이라는 드라마에서도 볼 수 있습니다. 이때 "어머님, 전적으로 저를 믿으셔야 합니다"라는 대사는 유행어가 되기도 했는데요. 상위 0.1%의 상류층이 자녀의 대학 입학을 위해 고군분투하는 내용이 주를 이룹니다. 드라마 속 부모들은 수십 억 원을 들여 입시 전문가 그룹을 고용하고, 로스쿨 교수가 수험생의 대입 자기소개서를 대신 써주는 등의 일도 벌입니다. 드라마니까 과장된 이야기라고 생각할 수 있겠는데요. 과연 그럴까요?

실제 현실에서도 교수가 아들의 면접 문제를 빼돌리는 일이 있었습니다. 교수들이 연구 논문의 공동 저자로 서로의 자식들 이름을 올려 부정 입학을 시킨 일도 있었습니다.

이처럼 현실에 불공정과 불공평이 넘치는데도 사람들은

능력과 노력에 따라 공평하게 사회적 가치가 배분된다는 능력주의의 신화를 믿었습니다. 심지어 이러한 사고방식은 지방대 학생에 대한 차별로 이어지기도 했습니다. 지방대에 입학했다는 사실 자체가 능력과 노력이 부족한 결과이니 차별받는 것이 당연하다는 생각이 퍼져 있었기 때문입니다.

'지잡대'라며 지방대에 다니는 학생들을 멸시하고 비하하는 표현이 공공연히 쓰이기도 했습니다. 놀라운 것은 지방대 소속 학생 중 이러한 차별을 어느 정도 수용하는 이들도 존재했다는 사실입니다. '나는 이것밖에 못 했으니까 이런 취급을 받아도 돼'라는 생각이 있었기 때문입니다. 사회 구성원 모두가 능력주의를 정당한 논리로 여기며, 불평등을 당연한 것으로 받아들이는 분위기가 있었던 겁니다.

대학 평준화 — 불평등

줄 세우기는 그만

20□□년, 3대학에 갑니다

저는 지금 서울에 위치한 3대학 앞에 서 있습니다. 이곳은 한때 한국의 최고 명문대라 일컫던 학교 중 하나였습니다. 그러나 지금 학생들이 학교에 입학하는 이유는 '명문대'라서가 아닙니다.

이강훈(3대학 학생) : 엔지니어가 되고 싶은데, 이곳이 공학 분야에 특화된 학교라 관련 교육 과정이 잘 짜여 있어서 입학했어요.

이처럼 현재는 대학마다 특화된 분야를 가지고 있습니다. 학생들은 자신의 적성과 희망 진로를 고려해 대학에 지원합니다. 성적으로 줄을 세우지 않고, 일정 수준 이상이 되면 희망하는 대로 입학이 가능한 건데요. 즉 대학 평준화*가 이루어진 것입니다. 과거에 비해 어떻게 달라진 건지 세 가지로 요약할 수 있습니다.

1. 학비 전액 무상, 누구나 공부 가능
2. 입학 기준은 느슨하고, 졸업 기준은 까다롭게
3. 졸업이 어려운 만큼 적성과 진로를 충분히 고민하고 지원

이러한 변화는 어떻게 시작되었을까요? 학벌에 따른 입시 경쟁이 심각해지고, 이로 인한 부작용이 이어지자 사회 각층에서 변화를 향한 요구가 거세게 일어났습니다. 입시 제도뿐 아니라 대학과 기업이 함께 변해야 한다는 사회적 합의도 이루어졌습니다.

대학을 등급에 따라 줄 세우기 하는 분위기를 없애기 위해 학교마다 집중 분야를 개발하도록 했습니다. 학문 중심 대학, 예체능 중심 대학, 직업과 실무 중심 대학 등 대학마다 각

자의 강점 영역을 키우도록 국가의 지원이 이어진 것입니다. 더불어 국공립 대학부터 이름을 버리고 번호로 부르기 시작했고, 부실 운영이 되거나 재정 상황이 어려운 학교는 국공립 대학에 통폐합하기 시작했습니다. 기업에서도 대학의 이름이 아닌, 각 분야의 강점과 대학 교육의 성적을 고려해 지원자를 채용하기 시작했습니다.

물론 변화 초기에는 각 대학과 기업, 사회 인사들과의 마찰이 잦았습니다. 경쟁 없이 대학 입학이 가능한 상황에서는 학생들의 전반적인 학력이 떨어지고, 대학의 발전 역시 하향될 거라는 반론도 있었습니다. 그러나 오히려 학생들의 학습 능력과 대학의 수준을 끌어올릴 수 있다는 정부의 설득과 노력으로 대학 평준화가 진행되어 지금에 이르렀습니다.

대학에 대한 인식 변화도 함께 이루어졌습니다. 이제는 기술과 실무에 중점을 둔 대학도 학문 연구를 중점으로 하는 대학만큼 우대를 받습니다. 대학 중에서도 다양한 실무 분야의 기술을 전문적으로 가르치는 학교에 국가의 지원을 쏟아부었기 때문입니다.

직업에 대한 사회적 인식도 예전과 다릅니다. 자동화 설비나 건설, 미용, 요리, 자동차 정비 등 기술 분야에 대한 근로 조건을 개선하고, 임금도 상승시킨 덕분입니다. 전문직이나 사무직이 아니라 해도 직업 안정성을 보장받고 사회적 위상이 올라가자, 해당 분야의 일을 지원하는 이들도 늘었습니다. 반드시 대학에 가지 않고 직업학교를 택해 졸업한 뒤 바로 취업하는 방법도 가능한데요. 이처럼 대학 진학이 아닌 직업학교를 선택하는 학생의 비율도 전체의 30% 이상이 됩니다.

이러한 분위기 변화 속에 대입의 문턱은 점차 낮아졌습니다. 어느 대학, 어느 학과를 나왔느냐에 따른 사회적 차별도 줄어들었습니다. 이제 대학 입학은 공부의 목표가 아니라, 배움을 위한 중간 과정이 되었습니다. 어느 누구도 불평등을 당연한 것으로 받아들이지 않게 된 것입니다.

20□□년, 중요한 건 협력이야

저는 지금 인천에 위치한 한 고등학교에 나와 있습니다. 학생들이 모둠별로 협력하면서 선생님이 내준 프로젝트를 수행하고 있는데요. 학습 측면에서 남보다 앞서서 경쟁에 이겨야만 한다는 생각은 이제 구시대의 유물입니다. 경쟁만큼 협력하는 과정도 학습에서 중요하기 때문입니다.

최일환(교사) : **모둠별로 학생들이 서로 협동해야 이 프로젝트 과제를 해결할 수 있거든요. 다른 사람들과 협력하는 과정을 배우는 것이 이 수업의 목적이죠.**

이제 성적표에는 등수나 등급은 적혀 있지 않습니다. 대신 개인이 학습 목표를 얼마나 성취했는지에 대해서만 나와 있지요. 평가 역시 상대평가가 아닌 절대평가 중심으로 이루어집니다. 경쟁이 중심이 되는 교육에서는 남들보다 잘하는지 못하는지가 중요하지만, 경쟁을 내려놓으면 개인의 성취가 중요하기 때문입니다. 물론 지금도 학생들은 학교에서 시험을 치릅니다. 그러나 대학 입학의 기본 자격을 갖추기 위한 시험이라 학습에 대한 부담은 줄었습니다.

대학의 서열이나 등급을 나누던 분위기가 사라지면서 과열된 사교육 분위기도 사그라졌습니다. 교과 학습을 보충하기 위해 학원에 다니는 경우는 이제 많지 않습니다. 학습이 부진하거나 기초 학력에 미달하는 학생들은 그냥 두지 않고, 주로 학교의 보조 학습실에서 기초 학습 시간을 따로 갖게 합니다.

여가 시간이 늘어난 학생들에게는 동아리나 진로 활동, 연구 활동 등의 기회가 주어집니다. 학교에서는 학생에게 다양한 경험을 제공하는 데 중점을 두고 방과 후 수업이나 동아리 활동을 진행하고 있습니다. 대학 입시를 위해 전략적으로 교내 활동을 하고, 수상 경력을 쌓던 과거와는 다른 모습입니다. 성적과 경쟁에 대한 스트레스가 줄어드니 아동과 청소년의 행복지수도 상승했습니다. 이제 OECD 기준 학생들의 주관적 행복지수는 상위권을 기록하고 있습니다.

이렇게 입시 제도뿐 아니라 대학 제도, 사회 전반적인 인식까지 변한 덕분에, 과거 대학생들이 입고 다니던 과 점퍼는 이제 '신기한 구제 상품'이 되었습니다. 이 점퍼가 의미하던 학벌 중심주의 역시 옛것으로 취급받는 요즘입니다. 옛것이 다시 유행하지 않기 위해 우리가 어떤 노력을 해야 할지 짚어 보는 오늘입니다.

* **사회 계층** : 사회의 자원이 불평등하게 나눠는 현상 때문에 생깁니다. 비슷한 수준의 재산, 사회적 지위, 인맥을 가진 사람들끼리 묶여 하나의 층을 이루고 있는 것을 뜻해요.

* **계층 이동** : 사회적으로 불평등한 상황 속에서 개인과 집단의 사회적 위치가 변하는 것을 의미합니다. 만약에 가난한 집안의 사람이 좋은 대학을 나와 사회적 성공을 이룬다면, 계층적 위치가 위아래로 움직인 수직적 계층 이동을 이룬 것이죠.

* **GDP(국내총생산)** : 1년 동안 한 나라 안에서 생산된 최종 생산물의 시장 가치를 합한 것을 뜻합니다. 한 나라의 경제 규모를 가늠할 수 있습니다.

* **선행 학습 :** 교육과정에 앞서서 하는 학습을 말합니다. 우리나라에서는 공교육 정상화법에 의해 초·중·고등학교에서 교과 범위를 벗어난 선행학습이 금지되어 있습니다. 학원은 선행학습을 일으키는 광고를 하지 못하게 규제하고 있고요.

* **OECD(경제협력 개발기구) :** 전 세계 국가들이 경제 성장과 생활 수준 향상을 위해 만든 기구입니다. 주로 민주주의와 시장 경제가 안정되어 있는 선진국이 속해 있습니다.

* **능력주의 :** 개인의 능력과 업적에 따라 사회적 재화를 나누는 것이 옳다는 생각을 뜻합니다. 재능이 있거나 노력한 사람에게 우선권을 주기에 공정해 보일 수 있죠. 하지만 능력을 판단하는 기준이 애매할 수 있고, 능력을 펼칠 기회가 공평하게 돌아가지 않는다는 점에서 한계가 있습니다.

* **대학 평준화 :** 일정 수준 이상이 되면 누구나 수준 높은 대학 교육을 받도록 하여 대학 사이의 서열을 없애거나 완화하는 제도입니다. 프랑스, 독일, 핀란드 등의 국가가 시행하고 있습니다.

2
고령화

“노인을 위한
나라가 없다니
상상이 되십니까”

꿈꾸냐옹

냐옹 기자 여러분, 안녕하십니까? 〈사라진 것을 보여 드림〉의 AI 고양이 기자, 꿈꾸 냐옹입니다!
저는 지금 한 명품 브랜드 패션쇼장에 앉아 있습니다. 화려한 조명이 비치는 런웨이 위에서 멋진 워킹을 선보이고 있는 이 브랜드의 앰버서더, 로이킴 씨가 보입니다.

냐옹 기자 올해 나이 70세인데 모델로 성공한 비결이 무엇이라 생각하십니까?

로이킴(70세, 모델) 저는 65세에 활동을 시작했어요. 운 좋게도 60대 이상의 모델을 선호하는 최근의 흐름을 탔다고 생각해요.

냐옹 기자 로이킴 씨의 폭넓은 인기가 무엇이라고 생각하는지 전문가들에게도 질문을 해보았는데요.

앨리스(28세, 패션 인플루언서) 우아하고 세련되셨잖아요. 너무 멋지세요! 패션에서 나이의 의미를 저는 잘 모르겠어요.

서인호(65세, 패션지 기자) 제가 지금 로이킴과 비슷한 세대거든요. 이분의 스타일을 정말 많이 참고해요.

냐옹 기자 보시는 것처럼 이제 전 연령대를 아우르며 유행을 선도

하는 시니어 패션 인플루언서의 영향력이 커지고 있습니다. 그러나 과거에는 '노인', '노년층'이 지금과 다른 의미였다고 합니다. "노인을 위한 나라는 없다"라는 자조 섞인 말이 유행할 정도였습니다. 심지어 노인들만 모이는 장소도 따로 있었다고 하는데요. 과연 무엇이 노인들을 고립시킨 것일까요?
그때 그 시절 속으로 떠나 볼까요, 냐옹!

고령 사회 — 노인을 위한

그 시절 '어르신'의 공원

2023년, 탑골로 모여

지금 여러분이 보고 계시는 건 2023년 봄, 서울시 종로구에 위치한 탑골 공원입니다. 벤치에 앉아 있거나 주변을 산책하는 노인들의 모습이 눈에 띕니다. 탑골 공원은 1990년대 이후부터 노인들의 휴식처로 자리 잡았습니다. 한때는 공원 안 팔각정에서 바둑이나 장기를 두는 노인도 많았지만 2020년부터는 오락 행위를 금지했다고 하는데요. 그럼에도 공원 담벼락 근처에 테이블을 놓고 장기를 두며 시간을 보내는 노인이 여전히 많습니다. 그들이 탑골공원에 모인 이유가 궁금해집니

2023년 탑골 공원 앞에서 장기를 두는 노인들

다. 당시 인터뷰 화면을 보시죠.

차정숙(74세) : 이 근처에 노인들이 갈 만한 음식점이 많아요. 해장국 한 그릇이 다른 곳에 비해 3분의 1 가격이에요. 미용실도 저렴하고 커피랑 율무차를 마실 수 있는 자판기도 있고. 아들 내외에게 용돈을 받고 생활하는데 동네의 음식점이나 커피숍에 가기에는 가격이 좀 부담스럽잖아요.

최승희(72세) : 우리 동네에도 음식점과 공원이 있기는 한데 늙은이들이 적어서 앉아 있기가 글쎄, 눈치가 보여. 젊은 사람들이 우리 같은 노인네들이랑 같은 공간에 있는 걸 좋아하겠어요?

이들의 말대로 탑골 공원 근처에는 저렴한 식당이 많았습니다. 경제적으로 여유롭지 않은 노인의 경우에는 이러한 음식점에 모여 식사를 하는 것이 도움이 되었을 겁니다. 외로움을 달래기 위해, 또 알뜰한 여가 생활을 즐기기 위해 당시의 노인들은 탑골 공원을 찾았던 겁니다.

2023년 한국은 빠르게 나이 들어가는 국가였습니다. 출생률이 줄고 평균 수명이 연장되면서 노인 인구가 빠르게 느는 고령 사회*로 접어들었습니다. 2022년 기준 65세 이상 고령 인구는 약 901만 8,000명으로, 전체 인구의 무려 17.5%를 차지할 정도로 적지 않았습니다.

그러나 정작 노인을 위한 공간은 많지 않았습니다. 특히 젊은 층 인구가 밀집해 있는 도시에서 소외가 심했습니다. 노래방이나 PC방, 커피숍처럼 돈을 내야만 머물 수 있거나, 젊은 세대의 취향에 맞춘 공간이 도시에서는 주를 이루었으니까요.

그러다 보니 소득이 적거나 불안정한 노인 세대가 여가를 즐길 수 있는 곳은 이곳 탑골 공원과 같은 장소뿐이었던 겁니다.

2018년, 500원 받아 가세요

조금 더 시간을 거슬러 올라가, 2018년의 뉴스 영상을 보시겠습니다. 무더운 여름날 노인들이 한 교회 앞에 줄을 서 있습니다. 교회 앞 공원까지 수백 미터 이어진 행렬. 왜 노인들은 이토록 길게 줄을 서가면서까지 뭔가를 기다리고 있는 걸까요?

곽애심(70세): 여기 교회에서 목요일마다 생활이 어려운 노인들에게 500원을 주거든요. 소문을 듣고 하루에 400명이 모이기도 했대요. 이걸 '500원 순례길'이라고 하고, 이런 데를 몇 군데 도는 걸 '짤짤이 코스'라고도 불러요.

오덕례(69세) : 매달 월세를 내야 하는데 그 돈이 충분치가 않아서 이렇게 받으러 왔습니다. 공짜로 500원을 나누어 준다는 데 얼마나 고마운 일이에요.

500원 순례길은 당시 우리나라 노인들의 어려운 처지를 단적으로 보여 주는 풍경입니다. 앞서 말씀드린 대로 당시 노인 인구 비율은 늘어났지만, 노인들의 경제적 상황은 좋지 않았습니다. 2010년 이후부터 우리나라의 노인 빈곤율*은 40%에 가까운 수치를 보이며, OECD 국가의 평균인 15%보다 약 3배나 높은 최고 수준에 이르렀습니다. 이 중에서도 76세 이상 연령대에서는 빈곤층이 전체의 절반을 넘을 정도로 높았습니다.

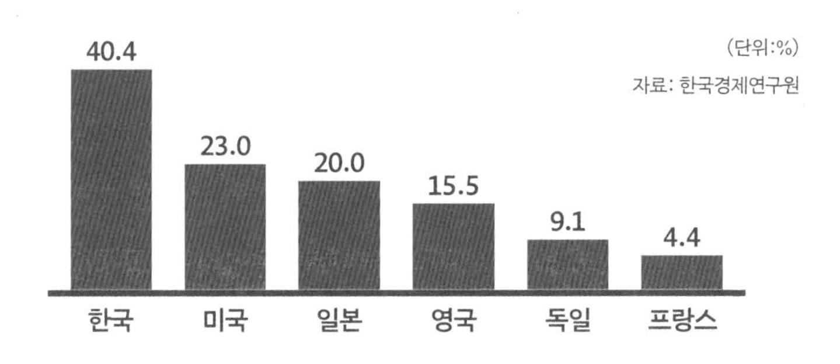

2020년 OECD 국가별 노인 빈곤율

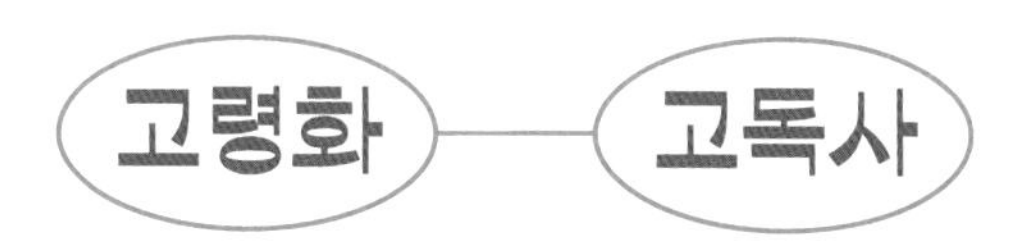

늙는다는 건 소외된다는 것

2020년, 나는 누가 부양해 주지?

한국의 노인들은 어째서 가난을 벗어나기 어려웠을까요? 다양한 원인이 얽혀 있었지만, 첫 번째는 가족 형태가 변했다는 것입니다. 그리고 두 번째는 정부에서 운영하는 공공연금이 부족한 것에 원인이 있었습니다.

우리나라가 본격적으로 산업화되기 이전, 노인 부양은 각 가정이 책임지는 것이었습니다. 전통적인 농업 사회에서는 '대가족'이 함께 사는 것이 일반적인 가정의 형태였고, 젊을 때 자식을 잘 키워 놓으면 노인이 되어 자녀로부터 부양을 받는 게 당연한 일이었습니다.

그렇지만 1960년대부터 급속한 산업화를 겪으며 '핵가족'이 일반적인 가족의 형태가 되었습니다. 부부와 어린 자녀로만 이루어진 가족이 많았던 것이죠. 이 과정에서 중장년 시절에는 자녀 교육과 결혼을 위해 많은 돈을 썼지만, 노년 시절에는 자녀로부터 경제적 지원을 받지 못하는 사람이 늘었습니다.

결국 노후는 일정 부분 국가의 역할이 되었습니다. 사회보장 제도 중의 하나인 국민연금 제도*가 그 예입니다. 하지만 연금을 받지 못하거나, 받는다 해도 생활비를 모두 감당하기 어려워 결국 원치 않게 일해야 하는 경우가 많았습니다.

통계를 한번 볼까요? 2020년에 65세 이상 노인 10명 중 3명 이상이 경제 활동을 하고 있었다고 합니다. 문제는 그 일자리가 대부분 비정규직이거나 낮은 임금을 받는 일자리였다는 겁니다. 설문 조사 결과, 60세 이상 노인 대다수가 71세까지 일하기를 원했다고 합니다. 하지만 자신이 원래 가지고 있던 경력을 살릴 만한 일자리가 충분치 않은 것이 문제였습니다.

2020년, 외롭게 나이 드는 한국

일을 하면서도 가난하다니 참으로 안타까운데요. 나라에서는 이러한 노인들을 돕기 위해, 2014년부터 기초연금 제도*를 도입했습니다. 국민연금에 가입하지 못했거나 가입했더라도 그 기간이 짧아 충분한 연금을 받지 못하는 노인들에게 연금을 지급하는 제도였습니다. 전체 노인의 70% 정도인 만 65세 이상이 이 기초연금 제도의 혜택을 받았습니다. 이로써 노인 빈곤율은 다소 낮아졌지만 여전히 갈 길은 먼 상황이었습니다. 왜 그럴까요?

대한민국은 저출생으로 고령화 속도가 아주 빠른 나라였기 때문입니다. 2011년부터 2020년까지 10년간 한국의 고령화 속도는 4.4%로 OECD 평균보다 약 2배나 빨랐습니다. 국가는 나이 들어가는데, 노인들의 형편은 어려우니 나라의 경제 전망이 어두웠습니다.

한편으로는 고령의 1인 가구가 늘어나면서 노인 고독사 위험도 커졌습니다. 2022년 통계청 조사에 따르면 우리나라의 65세 노인 5명 가운데 1명은 혼자 사는 독거 노인이었습니다. 경제적 어려움, 사회적으로 소외되었다는 느낌, 고립감 등이 독거 노인들을 고독사로 이끌었다고 전문가들은 분석했습니다.

2023년, 키오스크는 고문 기계예요

이 장면을 보시죠. 2023년 한 햄버거 가게 안입니다. 기계 앞에 한 노인이 서 있습니다. 키오스크 기계를 쓰는 게 쉽지 않아 한참을 망설이던 이 어르신은 결국 햄버거 세트 주문을 포기하고 돌아섭니다.

백미희(71세) : **이제는 종업원이 주문을 안 받으니까 너무 어려워요. 뒤에 사람들도 기다리고 있어서 민폐를 끼칠까 봐 겁도 나고. 병원에서도 이 기계로 접수를 받으니까 난감할 때가 많아요.**

이렇듯 노인들은 일상생활에서도 만만치 않은 어려움을 겪었습니다. 특히 코로나19 이후 무인 기계와 비대면 예약이 일상이 되면서 이 어려움이 커졌습니다. 디지털 기기 사용에 익숙한 젊은이들은 이런 변화를 비교적 쉽게 따라갈 수 있었지만 그렇지 못한 노인들은 어려움을 겪었습니다.

디지털 세상이 열리면서 디지털 기기나 기술을 제대로 활용할 수 있는 사람들은 편리함을 누렸지만, 디지털을 제대로 이용할 수 없는 사람들은 불편함을 느끼며 지내야 했지요. 장애인, 저소득층, 농어민 등이 그랬는데 특히 이 디지털 격차*에서 가장 소외된 건 노인이었습니다.

기계를 다루기 어려운 노인들은 음식 주문이나 기차표, 영화 예매에도 어려움을 겪었습니다. 젊은 세대는 화면을 손가락으로 쓸어내리거나 터치하는 게 전혀 어렵지 않았지만, 노인들에게는 쉽지 않은 일이었던 겁니다. 심지어 키오스크를 '고문 기계'라고 부르는 노인들도 있었습니다.

나이를 먹을수록 젊은 시절에 비해 새로운 기술을 습득하고 자극을 받아들이는 속도가 느려지는 건 자연스러운 일입니다. 그러나 고령화가 빠르게 진행되어 노인이 늘어나는 데 비해, 이들을 고려하지 않은 디지털화는 무섭게 발전하고 있었습니다. 그 결과 노인 인구에게서 자괴감, 당혹감, 우울감, 고립감이 더욱 심해졌습니다.

새로운 삶의 시작

20□□년, 시니어 인턴쉽에 참여하세요

저는 지금 고령자를 위한 실버푸드를 만드는 회사의 제품 연구실에 나와 있습니다. 65세 이상의 노인 서너 명이 제품을 시식하며 살펴보고 있는데요. 이들은 이 기업의 시니어 인턴십 참가자입니다.

윤태식(66세, 인턴십 참가자) : 실버푸드로 개발된 제품들이 우리한테 맞나 보고 있어요. 나이가 들수록 건강을 챙겨야 해서 칼로리가 낮고 저염식인 제품을 좋아하죠. 예전

에 비해 치아도 튼튼하지 않고.

노인들의 일자리는 이제 과거와 다릅니다. 대한민국은 심각한 저출산 현상과 빠른 고령화 속도로 2040년대에 이미 노인 인구가 전체 인구의 3분의 1 이상인 나라가 되었습니다. 그만큼 경제활동 인구*가 줄어 경제가 어려워진다는 위기감이 커졌는데요. 생각의 전환이 필요했습니다. 국가 전체의 평균 연령이 높아지는 만큼 노인들의 경제 활동 기회를 넓히는 것이 바람직한 방향이라는 의견이 나왔습니다.

이전의 공공 노인 일자리는 주로 잡초 뽑기나 공원 관리 등 단순하고 반복적인 활동이 많았지만 이제는 지속적으로 경력을 이어 갈 수 있는 민간 노인 일자리를 만드는 쪽으로 방향을 바꾸었습니다. 과거의 경력을 활용하거나 새로운 디지털 기술을 배워 활용할 수 있는 일자리도 늘렸습니다. 그 결과 마련된 정책 중 하나가 지금 보시는 시니어 인턴십 현장입니다. 노인을 인턴십으로 채용하는 경우에는 정부가 해당 기업에 인건비 일부를 지원해 주니 기업의 입장에서도 1석 2조인 셈입니다.

일자리의 성격도 바뀌었습니다. 예전에 존재하던 시니어

인턴은 주로 포장이나 배달 등의 단순 노동이 많았지만 이제는 영상 편집이나 강사 등 새로운 일자리가 많습니다. 무엇보다 노인을 위한 실버산업이 발전하면서 이들의 필요와 구매 욕구를 잘 알고 자문을 해줄 인력이 필요하게 되었습니다. 음식뿐 아니라 고령자를 위한 화장품, 옷, 스마트폰 등이 인기를 끌게 되면서 실버산업이 중요해진 것이죠. 비정규직, 단순직에 한정되었던 노인의 일자리 모습이 바뀐 겁니다.

20□□년, 시니어 멘토로 인생 2막

여기는 한 IT 기업의 사무실, 노인과 청년이 진지한 표정으로 이야기를 나누는 중입니다. 어떤 이야기인지 들어 보겠습니다.

이도겸(32세, 개발자) : 이분은 제 멘토세요. 회사에서 지금 멘토 제도를 도입해 실시하고 있거든요. 이 분야에서 30년 이상 경력을 쌓아 오셔서 일에 대한 여러 가지 조언을 받을 수 있어 좋습니다. 더불어 저 역시 멘토 분께 요즘 IT 업계의 동향이 어떤지 말씀드리고 있습니다.

이처럼 노인들이 평생 쌓은 경력을 살리면서 젊은이들과 어울려 지낼 수 있는 일자리가 늘고 있습니다. 대표적인 것이 지금 보신 시니어 멘토 제도입니다. 퇴직을 한 경우라도 예전의 일자리와 연계해 청년 세대를 뒷받침하는 멘토로서의 자격을 주는 것이죠. 의례적인 조언을 건네는 것이 아니라, 업무를 이어 가거나 삶의 진로를 선택하는 데 실질적 도움을 줄 수 있는 이야기를 직접 전하는 게 특징입니다. 또한 시니어 멘토만 일방적으로 조언을 하는 게 아니라, 청년 세대도 노인 세대에게 업계의 새로운 변화를 알려줄 수 있으니 더 좋은 변화라 할 수 있습니다.

임종권(72세, 시니어 멘토) : **은퇴를 하면서 내가 이제 쓸모없는 존재가 된 건 아닐까 우울했는데, 원래 했던 경력을 살리면서 수입까지 얻을 수 있고, 젊은이들과 이야기를 나누며 새로운 변화를 알 수 있으니 뿌듯한 마음입니다.**

이처럼 노인들을 위한 일자리는 단순히 소득을 얻는 곳뿐 아니라 제2의 인생을 시작할 수 있는 기회이기도 합니다.

독거 노인 — 세대 간 소통

노인을 위한 나라

20□□년, 이곳은 시니어 마을

제가 서 있는 곳을 둘러 보시죠. 아담하지만 깨끗한 주택들이 옹기종기 모여 있고 한가운데에는 광장이 있는 마을입니다. 마을 벤치나 광장에서 산책을 하거나 대화를 나누는 노인들이 보입니다.

이곳은 1인 가구 노인이 모여 사는, 국가에서 마련한 '공공형 시니어 마을'인데요. 경제적으로 취약 계층에 속하는 노인들이 작은 단칸방에 살거나 요양 병원에서 여생을 보내던 예전과 달리, 지금의 노인들은 이곳에서 삶의 여유를 누리고 있습니다.

이 마을의 한 집으로 들어가 보겠습니다. 집 안이 단정하게 정리되어 있습니다. 제일 먼저 눈에 띄는 것은 사람의 형체를 한 작은 로봇입니다.

AI 돌봄 로봇 : 오전 8시 30분, 혈압약 드실 시간입니다.

로봇은 약 복용 시간을 알려 주고 약이 어디에 있는지 찾아서 가져다 줍니다. 그뿐만 아니라 오늘 할 일들을 홀로그램으로 정리해 보여 주기도 합니다. 로봇과 인공지능의 발달은 혼자 사는 노인들에게 새로운 세상을 열어 주었습니다.

특히 고독사의 위험이 있는 독거 노인의 경우, 이 로봇이 큰 도움이 되고 있습니다. 동작을 감지할 수 있는 기능이 탑재되어 이상 상황이나 긴급 상황이 일어났을 때 보호자와 담당 공무원 등에게 연락할 수 있기 때문입니다.

이 마을에는 대학교, 고등학교와 연계한 프로그램도 마련되어 있습니다. 청년들이 한 달에 두세 번 정도 방문해 어르신들의 말벗이 되어 주거나 새로운 IT 기기 사용법 등을 알려 주며 도움을 줍니다. 이 프로그램은 세대 간 소통을 위해 마련된 제도이기 때문에 청년층과 노인층 모두에게 사전 교육도 진행하고 있습니다. 이 사전 교육에서는 세대 간 대화 방식이나 생각의 차이 등을 미리 배우게 됩니다.

또 이 마을의 센터와 광장에서는 주기적으로 이벤트와 수업이 열립니다. 노인들을 위한 디지털 교육이나 인문학 수업도 마련되어 있습니다. 마을 어린이집에서는 독거 노인들이 '이야기를 읽어 주는 할머니 할아버지'로 자원봉사를 하기도 합니다. 다른 세대를 자연스럽게 만나 고립감을 덜 수 있는 다양한 기회가 생기고 있는 겁니다.

이와 같은 독거 노인을 위한 보금자리 외에도 젊은 자녀 세대와 부모 세대가 희망하면 10~20분 거리 안에 함께 지낼 수 있는 주거 단지도 형성되어 있는데요. 각 세대가 독립적인 생활을 유지하면서도 부모 세대의 돌봄이 가능한 주거 방식을 만든 겁니다.

따뜻한 보금자리가 마련되고 세대 간 소통이 늘면서 지금은 과거와 달리 노인 1인 가구의 고독사, 자살률이 크게 줄었습니다.

20□□년, 노인을 위한 키오스크

저는 다시 탑골 공원이 있는 번화가 거리에 나와 있습니다. 한 노인이 키오스크 앞에 서 있습니다. 키오스크 앞의 노인이 햄버거를 주문하고 돌아서는 게 보입니다. 어려움이 없었는지 물었습니다.

문채윤(78세) : **전혀요. 노인용 키오스크는 글씨도 크고 더 단순하니까요. 그리고 선택하기 어려울 땐 로봇 도우미가 와서 음성 안내로 주문을 도와줘요.**

보시다시피 지금은 노인은 물론 장애인을 위한 키오스크가 잘 마련이 되어 있습니다. 무엇보다 이 키오스크 옆에는 인공지능 로봇이나 사람이 도우미로 있어 도움을 줄 수 있습니다. 아예 AI 비서를 대동하고 다니는 노인들도 있습니다.

오늘날 노인들은 단순히 '대우받아야 할 어르신', '젊은이의 활동을 보조만 하는 역할'이 아닙니다. 젊은 세대와 함께 사회를 주도하는 주요 구성원이죠. "노인을 위한 나라는 없다"라는 슬픈 말, 다시는 들어선 안 되지 않을까요?

* **고령 사회 :** 65세 이상의 노인 인구 비율이 14% 이상인 사회를 뜻합니다. UN(유럽연합)의 기준에 따라 65세 이상 고령 인구의 비율이 7% 이상이면 해당 국가를 '고령화 사회'라고 합니다. 14% 이상이면 '고령 사회', 다시 20% 이상까지 올라갈 경우 '초고령 사회'로 구분하지요.
우리나라는 2000년에 고령 인구가 7.2%에 이르러 고령화 사회에 들어섰습니다. 2018년에는 14%를 넘겨 고령 사회로 진입했는데 그 속도가 매우 빠른 편입니다.

* **노인 빈곤율 :** 전체 노인 인구 중 빈곤한 노인 인구의 비율을 이릅니다. 여기서 '빈곤율'은 우리나라 국민을 소득순으로 줄을 세웠을 때 중간에 해당하는 사람들의 소득(중위 소득)의 절반이 안 되는 사람의 비율을 일컫습니다.

* **국민연금 제도** : 나이가 들어 소득이 없거나, 예상치 못한 사고나 질병으로 장애를 입거나, 가족이 사망해 생계가 어려울 때 국가가 매달 연금을 주어 기본적인 생활을 유지할 수 있게 돕는 사회보장 제도입니다. 국가와 국민이 함께 부담하며 국민 모두가 가입해야 하죠. 국민의 노후 생활을 보호하고 사회의 안정을 유지하는 역할을 합니다.

* **기초연금 제도** : 어려운 노후를 보내는 어르신을 돕기 위한 제도입니다. 국민연금에 가입하지 못했거나 가입했더라도 그 기간이 짧아 생활에 충분한 연금을 받지 못하는 분들의 노후를 돕기 위해 연금을 나누어 주는 제도이죠.

* **디지털 격차** : 디지털 세상이 보편화되면서 정보화 수준에 따라 사회·경제적 격차가 벌어지는 것을 말합니다. 고령층, 장애인, 저소득층, 농어민 등이 디지털 정보 소외 계층에 있습니다.

* **경제활동 인구** : 만 15세 이상 인구 중 수입이 있는 일을 하고 있거나 구직 활동을 하는 인구를 가리킵니다.

3 양극화

“그 많던 노숙자는 어디로 갔을까요”

서울역
출입구
2
EXIT
서울역
출입구
2
EXIT
꿈꾸냐옹

냐옹 기자 여러분, 안녕하십니까? 〈사라진 것을 보여 드림〉의 AI 고양이 기자, 꿈꾸 냐옹입니다!
제가 있는 곳은 서울역 2번 출구 앞에 위치한 스마트팜 식물원입니다. 이곳은 첨단 기술을 이용해 고추, 토마토 등 작물을 재배할 뿐 아니라, 식물과 교감할 수 있는 녹색 힐링 공간으로 시민들의 사랑을 받고 있습니다. 그런데 이곳 서울역이 예전에는 사뭇 다른 풍경이었다는데요. 관리인 공명필 씨의 이야길 들어 보시죠.

공명필(식물원 관리인) 서울역이 이렇게 초록빛 공간이 되다니, 과거에 제가 여기서 먹고 자고 지낼 때와는 엄청 달라 감개무량합니다.

냐옹 기자 역 앞에서 먹고 자며 생활하셨다고요?

공명필(식물원 관리인) 네, 제가 40대일 때 이곳에서 텐트를 치고 숙식을 해결했어요. 하하. 저 말고도 노숙자가 많았어요. 여기 서울역 근처에.

냐옹 기자 '노숙자', '노숙인' 모두 같은 말인데요. 아마 생소한 분이 많을 겁니다. 노숙자는 이슬을 맞으며 자는 사람, 즉 집이 없이 떠돌며 생활하는 사람을 말합니다. 오늘날 젊은 시민들은 노숙자를 본 적이 있거나 알고 있는지 인터뷰해 보겠습니다.

봉안나(시민)　이곳에서 잠을 자는 사람들이 있었다고요? 추운 겨울에 야외에서 잠을 왜 잤을까요.

우삼순(시민)　서울역은 기차를 타러 사람들이 지나다니는 곳이니까요. 이곳에서 사람들이 텐트를 쳐놓고 살았다는 건 생각해 본 적이 없어요.

냐옹 기자　네, 대부분 믿기 어렵다는 반응인데요. 지금은 초록의 생기로 가득한 이곳 서울역! 과거에 이곳을 배회하던 노숙자들은 모두 어디로 갔을까요?
지금 저와 함께 찾아가 보시죠, 냐옹!

국가 부도 — 중산층 몰락

화려한 도시의 틈새에서

2021년, 서울역에서 자는 사람들

2021년으로 시간을 거슬러 가보겠습니다. 한겨울 추운 밤, 서울역은 당시에도 화려한 불빛으로 반짝입니다. 그러나 역사 외곽을 돌다 보면 2번 출구 앞에 줄을 지어 늘어서 있는 주황빛의 텐트가 눈에 띕니다. 코로나19와 한파로 혹독한 겨울을 나고 있는 노숙인들을 돕기 위해 교회와 시민단체가 기부한 것입니다. 각 텐트에는 이용자 이름이 검은 펜으로 적혀 있습니다.

그중 한 텐트 앞에서 두 노숙인이 대화를 나누고 있는데요. 패딩 지퍼를 턱 끝까지 올린 채 무릎을 맞대고 앉아 있습니다. 겨울 추위에 얼굴과 손이 빨갛게 부르튼 모습입니다.

이사라(48세, 노숙 3년 차) : **텐트가 없는 것보다야 있는 편이 낫지만 칼바람이 불면 바람이 새어 들어와서 여전히 추워요.**

박연진(50세, 노숙 1년 차) : **예전에는 고시원이나 원룸에서 지낸 적도 있었죠. 그렇지만 코로나19가 터지고 나서는….**

집 없이 떠돌아다니는 노숙인들은 언제부터 늘어난 걸까요? 한국은 1960년대부터 1990년대까지 전 세계에서 유례없이 급격하게 경제 성장을 이룬 나라였습니다. 40여 년에 걸친 일제강점기와 6·25 전쟁으로 가난했던 나라는 1980년대에 이르러 연평균 경제 성장률이 10%에 달할 정도로 빠른 성장을 했습니다. 이러한 발전을 해외에서는 '한강의 기적'이라 부르기도 했지요.

2008년 지하철 역사 안에서 잠을 자는 노숙자들

2022년 서울 길거리에서 밥을 먹는 노숙자들

1997년, 위기의 시작

그러나 이처럼 빠른 성장을 보인 한국은 1997년 외환 위기로 국가 부도의 어려움을 맞습니다. 어째서 이런 일이 벌어졌을까요? 그즈음 대기업들이 무리하게 문어발식으로 몸집을 불리며 해외에 많은 빚을 진 상태에서, 동남아시아에서 시작된 경제 위기가 원인이었습니다. 아시아권인 우리나라에서도 외국 자본이 급격히 빠져나가면서 외환 보유고(다른 나라와 거래를 하거나 빚을 갚는 등의 상황에 쓰기 위해 나라 살림으로 보유해야 할 외화)가 부족해졌습니다.

정부는 IMF(국제통화기금)*에 긴급하게 자금을 빌려 와서 위기를 모면했으나 이는 시작에 불과했습니다. IMF는 우리나라에 돈을 빌려주는 대신 정부와 기업에 대대적인 구조 조정*을 요구했습니다. 부실기업 정리, 금융시장 개방, 공기업 민영화* 등의 요구가 잇따랐습니다.

IMF의 요구대로 대량 해고와 연쇄 부도가 이어지면서, 우리나라의 경제 성장을 이끌던 허리에 해당하던 중산층이 실업이나 사업 실패를 겪으며 무너졌습니다. 10가구 중 4가구가 실직이나 부도를 겪을 만큼 중산층 몰락은 당시로서는 큰 충격이었습니다. 이처럼 무너진 중산층 중 일부는 거리에 나앉아 노숙자가 되었습니다. 어느 나라나 그렇듯 외환 위기 이전에도 우리나라에는 부랑인이 있었지만, 경제적인 위기와 대량 해고 사태를 겪으며 그 수가 급격히 늘어난 것입니다.

단순히 노숙자가 증가했다는 것 외에도 1997년 외환 위기는 우리 사회에 큰 상처를 남긴 사건이었습니다. 기업의 노동자 해고가 쉬워지고 비정규직이 증가했습니다. 사회의 상하층 사이에서 안정을 유지해 주는 역할을 하던 중산층이 무너지면서 상류층과 하위층으로 양분되는 양극화*가 심각해져 갔습니다.

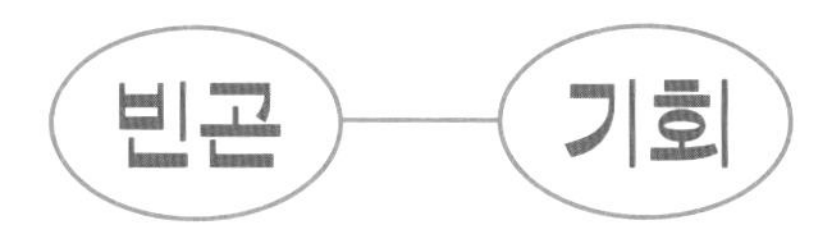

쪽방에서 살 수 있나요?

20□□년, 쪽방촌을 체험하세요

저는 지금 서울역 맞은편에 서 있습니다. 지금은 '과거 생활 체험관'이 위치한 이곳. 시민들과 학생들이 구경을 왔습니다.

체험관 중 한 곳으로 가보실까요? 0.7평 크기의 방이 자리해 있습니다. 이 작은 방 안에 가스버너, 그릇과 옷가지 등이 놓여 있는 풍경이 인상적입니다. 이곳을 방문한 한 학생은 겨우 발 뻗을 정도의 방 크기에 놀란 모습입니다.

박건우(21세, 학생) : 대충 몸을 욱여넣어 누울 수는 있지만

발을 제대로 뻗기가 어려워요. 이 작은 방에 사람들이 살 았다니 믿기 어렵네요.

지금의 체험관이 자리한 곳은 0.7평에서 2평 남짓의 방들이 빽빽이 들어찬 건물이 존재하던 공간이었습니다. 이른바 쪽방촌이라 부르던 낡은 건물들이 자리하고 있었던 곳이지요. 한때 이 쪽방촌에 살던 김새로 씨가 체험관의 모습을 지켜보고 있습니다. 그에게 이곳이 어떤 환경이었는지 물어보겠습니다.

김새로(66세, 과거 쪽방촌 거주) : **이 쪽방촌 건물 안에는 화장실이 아예 없었어요. 저 앞에 위치하던 공원의 화장실에 갔었죠. 수도도 연결되지 않아서 이사를 올 때 직접 달았고 냉난방이 안 되었으니 여름엔 너무 덥고 겨울에는 추위에 떨었어요. 햇볕이 드는 곳에서 지내고 싶단 생각을 많이 했지요.**

인터뷰 내용만 들어도 열악한 주거 환경이었다는 걸 짐작할 수 있습니다. 과거 쪽방촌에 살던 사람들은 어떤 사연을 가지고 있었을까요? 당시의 자료를 찾아보겠습니다.

2013년 금천구청에서 만든 쪽방 체험관
(©금천구청 홈페이지)

2021년, 노력을 안해서 가난하다고?

2021년의 겨울, 쪽방촌의 모습을 보시죠. 유동 인구가 많은 길과 고급스러운 건물들을 지나, 좁은 골목을 한참 걸어가면 특이한 구조의 주택이 자리 잡은 것이 보입니다.

이 특이한 구조의 주택은 주로 빈곤 계층을 위해 마련된 저렴한 주거 공간인 쪽방 건물이었습니다. 쪽방은 원래 '쪼개고 쪼갠 방'이라는 의미에서 비롯된 단어로, 대체로 몸을 씻을

샤워 시설이나 음식을 할 수 있는 부엌이 개별적으로 마련되어 있지 않고, 온수나 난방도 불가능한 주거 공간이었습니다.

이곳 주민들이 이렇게 열악한 환경에서 살아간 이유는 무엇 때문이었을까요? 무엇보다 돈이 가장 큰 문제였습니다. 당시 쪽방촌 건물을 관리하던 관리인의 인터뷰를 들어 보시겠습니다.

손정오(54세, 쪽방촌 관리인) : **이 동네 평균 월세는 20만 원에서 30만 원 사이예요. 서울 평균 월세의 5분의 1밖에 안 되니까 엄청나게 싼 거지요. 우리는 이 건물에 사는 사람들 월세를 걷어서 집주인에게 줍니다. 주민들 전출입 관리도 하고요.**

그렇다면 관리인이 월세를 건네준 건물 주인들은 누구였을까요. 대부분 이곳에 살지 않는 부유한 사람들이었습니다. 당시 한 언론사가 조사한 바에 따르면 서울의 고급 주거 단지에 거주하는 사람들, 부유한 건물주의 가족들이 이 건물의 명의를 가지고 있었습니다. 고등학생 자녀가 건물의 소유주인 경우도 있어, 대대로 쪽방 건물을 물려받아 월세 수입을 챙겼다는 걸 짐작할 수 있습니다.

부자들은 왜 쪽방촌을 소유했을까요? 거주민들을 위한 냉난방 시설 등을 관리할 필요가 없고, 세금을 내지 않는 데다 대를 이어 증여나 상속을 할 수 있었기 때문입니다. 누군가가 가난해서 찾아드는 공간이 다른 누군가에게는 훌륭한 자산 굴리기의 수단이었던 겁니다.

그렇다면 당시 주민들은 열악한 이 쪽방 건물 말고는 대안이 없었던 것일까 궁금해집니다. 가난을 벗어나기 위한 노력을 충분히 하지 않았던 것일까요? 당시 한 주민의 인터뷰를 통해 까닭을 살펴보겠습니다.

강현남(66세, 쪽방촌 주민) : **이곳에서 20년이나 살았어요. 다리 한쪽이 불편해 밖에 나가 일하는 게 힘들어요. 나이가 많아 일 구하기도 힘들고. 기초생활 수급자라서 정부 지원받아 겨우 버티고 있지만 그 돈도 월세 30만 원 내고 나면 남는 게 없어요.**

실제 쪽방촌의 주민들은 이 방을 벗어날 수 있는 기회가 거의 없었습니다. 대다수가 몸이 아프거나 나이가 많아 일자리를 구하기 어려웠고, 수입도 늘리기 힘들었기 때문입니다. 연속되는 실패와 불운으로 일할 의지 자체를 잃거나 기력을 상실한 사람도 많았습니다. 그나마 일용직 노동으로 의식주 해결만 겨우 할 정도의 수입을 올리는 경우도 많았고요. 서울역의 노숙자 텐트촌과 마찬가지로 쪽방촌 역시 빈곤으로 내몰린 이들이 모여든 최후의 주거지였던 겁니다.

기본소득 — 양극화

노숙자 없는 세상

20□□년, 1인 가구를 위한 집

저는 지금 한 임대 아파트에 안에 들어와 있습니다. 깔끔한 실내, 화장실과 부엌이 딸린 아늑한 주거 공간이 보이십니까? 그런데 이곳에 살고 있는 사람들은 한때 길거리 곳곳에서 잠을 청하던 노숙자들입니다.

이들은 정부의 '주거 우선 정책'으로 방 한 칸의 아파트를 제공받아 살고 있습니다. 생계 유지가 어려울 정도로 재산이나 소득 조건이 낮은 사람들을 위해 만들어진 곳입니다. 이전에 내던 월세의 5분의 1만 내고 거주할 수 있습니다. 앞서 본 텐트나 쪽방촌에 살던 이들이 이제는 임대 아파트에서 지낼 권리를 누리게 된 것입니다.

물론 과거에도 노숙자들이 단체로 거주하던 시설이 있었습니다. 함께 모여 생활하는 공간이었는데, 규율이 엄격하고 단체 생활이 쉽지 않아 뛰쳐나가는 노숙인이 많았다고 합니다. 이 같은 과거의 경험에 비추어 현재의 주거 우선 정책은 다른 방식을 택했습니다. 독립적으로 개인 공간이 나뉘어 있는 숙소를 주거 빈곤 계층에 제공한 것이죠. 이곳에 들어오면 일을 해야 한다거나 생활 태도를 바꿔야 한다는 등의 조건을 따로 달지도 않았습니다.

이러한 주거 우선 정책은 "노숙자는 안정적으로 살 수 있는 주거지가 확보된 뒤에만, 자신들의 문제에 대한 대처를 시작한다"라는 캐나다의 심리학자 샘 쳄베리스의 제안에서 비롯된 것입니다. 그의 의견에 따라 미국의 뉴욕주에서 1992년부터 빈곤층에게 거주지를 먼저 제공하는 실험이 이루어졌고, 이어 유럽과 오스트레일리아, 미국의 뉴올리언스, 솔트레이크 시티, 캐나다의 여러 도시에서도 비슷한 실험을 해서 효과를 거두었습니다.

우리나라도 이러한 방향에 맞춰 20□□년부터 몇 년간 노숙자들에게 안정적, 독립적으로 살 수 있는 작은 주거지를 제공하는 실험이 이루어졌습니다. 집을 제공하는 게 노숙자들에게 긴급 의료나 긴급 서비스를 제공하는 비용보다 오히려 돈이 더 적게 들었고, 일정한 효과를 보았습니다. 이 실험의 성공은 빈곤 계층을 지원하는 정책으로 이어져 오늘날 주거 우선 정책의 기초가 되었습니다. 이 정책에 따라 전국에 1만 명 가까이 존재하던 노숙인과 쪽방촌 거주민뿐 아니라 고시원이나 원룸에 살던 국민들도 혜택을 보았습니다. 이들은 더 나은 보금자리에서 숙식을 해결할 수 있었습니다.

20□□년, 기본소득이 있어 안전해

다시 저는 '과거 생활 체험관' 앞입니다. 아까 체험관에서 마주쳤던 김새로 씨를 따라가 보기로 했는데요. 서울역 근처의 식당에서 요리사로 일하는 김새로 씨. 휴대폰에 탑재된 AI 비서에게 지시를 내려 어디론가 돈을 입금합니다.

김새로(66세, 과거 쪽방촌 거주): 기본소득으로 들어온 돈을

가난한 학생들을 위해 장학금으로 기부하고 있습니다. 어마어마한 금액은 아니지만 누군가에게 도움을 줄 수 있을 거라 생각합니다.

그 역시 과거 서울역 근처 쪽방촌에서 생활하던 이였습니다. 가난과 가정폭력 때문에 집에서 뛰쳐나온 것이 빈곤한 생활의 시작이었습니다. 그러나 지금 그는 자신의 주거지와 직업을 가지고 생활하고 있습니다. 요리사로서의 직장 생활뿐 아니라 취미 생활도 이어 가고 있습니다.

김새로 씨가 요리학원에 등록하며 새로운 배움에 이르게 된 건 기본소득을 받을 수 있었던 덕분입니다. 기본소득*은 현재 우리나라 복지 제도의 기본이 되는 정책으로, 나라에서 모든 국민에게 매달 아무런 조건 없이 나누어 주는 현금입니다. 매달 나오는 이 돈이 주거 빈곤층에 머물러 있던 그에게 큰 도움이 되었습니다.

물론 이 기본소득은 한 달 생활비를 모두 감당할 정도의 금액이 아닙니다. 기껏해야 생활비의 4분의 1을 책임질 정도의 금액일 뿐입니다. 그러나 이 크지 않은 액수의 돈이 김새로 씨와 같이 빈곤층에 속했던 이들의 자립에 커다란 도움을 주었습니다. 그는 이 기본소득 덕분에 쪽방촌에서 벗어나 월세 일부를 감당해 더 나은 보금자리를 찾을 수 있었습니다. 어느 정도 자리를 잡은 후에는 요리 학원에 등록하거나 병원에 가는 등 이전에 못하던 활동이 가능해졌습니다. 기본소득이 자립 생활의 디딤돌이 되어 준 겁니다.

이처럼 기본소득은 거듭된 실패나 불행에 빠진 이들에게 도움을 주었습니다. 요리를 배울 수 있게 되면서 김새로 씨의 삶에도 희망이 찾아왔고 이제 다른 사람을 돕게 된 겁니다.

김새로(66세, 과거 쪽방촌 거주) : **요리 기술을 배워 새로운 곳에 취업을 할 수 있다고 생각하니 삶에 희망이 생겼습니다. 가난해서 내가 하고 싶은 일, 배우고 싶은 것들 다 포기하던 시절도 있었는데 그때에 비하면 얼마나 행복한가 싶어요. 제가 받은 혜택을 다른 분들에게 나누어 주고 싶습니다.**

기본소득은 김새로 씨를 비롯한 모든 국민에게 도움을 주고 있습니다. 그러나 과거에는 기본소득이 지금처럼 복지 제도로 자리 잡을 거라 상상하기 어려웠습니다. 사회 각층의 반대가 거셌기 때문입니다. 국민에게 매달 30만 원씩 나누어 줘도 거의 180조 원, 1년 예산의 30%가 들어갈 만큼 큰돈이 들어가는 일이었으니 나라 살림에 무리가 간다는 의견도 많았습니다. 노동하지 않는 사람이나 부자에게도 똑같이 돈을 나누어 주는 것은 낭비 아니냐는 여론도 있었고, 국민의 근로 의욕을 떨어뜨려 국가의 경제 발전을 저해할 것이라는 우려도 일었습니다.

20□□년, 새로운 세금의 등장

그러나 시대가 바뀌면서 기본소득에 대한 여론도 바뀌었습니다. 원래 우리나라는 사회보험*이나 기초생활보장 제도* 등의 복지 제도에 기대고 있었습니다. 이런 제도들은 국민 대다수가 근로를 해서 임금을 받아야 유지되는 제도입니다.

하지만 4차 산업혁명으로 로봇이나 인공지능이 사람의 일자리를 대신하고, 기업이 사람을 고용할 까닭이 줄어들면서 새로운 사회보장 제도가 필요하다는 의견이 일었습니다. 실제 구글이나 애플, 아마존 같은 세계적인 IT 기업은 제조업 기업보다 훨씬 적은 인력으로 더 많은 매출을 올리고 있었습니다. 다시 말해 4차 산업혁명으로 안정된 일자리와 소득을 가진 사람들이 줄어들자 원래의 사회보장 제도조차 유지하기 어려워진 것입니다. 의료보험이나 국민연금 모두 소득자가 매달 받는 임금이 있어야만 유지가 가능하니까요

정부와 국민들은 전 세계의 흐름에 따라 새로운 복지 방식을 찾았습니다. 양극화가 심해지니 부유층과 기업에게 더 많은 세금을 거두자는 데 사회적 여론이 모였습니다. 기업으로부터 로봇세*나 데이터세* 등 새로운 세금을 거둔 것도 새로운 길을 연 장이 되었습니다. 이미 4차 산업혁명으로 실업의 위험에 빠질 사람이 많은 상황에서 로봇을 보유한 기업으로부터 세금을 거두어 기업의 자동화를 조금 늦추는 효과도 있었습니다. 그뿐만 아니라 사람들의 개인정보를 이용해 광고를 띄워 그 수익으로 많은 돈을 벌어들이는 플랫폼 기업으로부터 데이터세를 거둔 것도 큰 도움이 되었습니다.

물론 처음에는 재원을 마련하고 국민 전체의 동의를 얻기가 쉽지 않았습니다. 그러나 국가와 정부 차원에서 국민이 빈곤과 실업으로 벼랑 끝에 몰리지 않도록 도와야 한다는 생각이 차츰 널리 퍼졌습니다. 그렇게 기본소득은 차차 자리를 잡

았습니다.

기본소득을 통해 생계의 안전망을 얻고 혜택을 누린 건 빈곤층만이 아니었습니다. 빈곤층이 아니더라도 많은 사람이 기본소득을 통해 가정에서 독립하거나 원하는 일을 할 여유를 찾는 데 도움을 받았습니다. 그뿐만 아니라 부유한 사람들이나 기업으로부터 더 많은 세금을 거두다 보니 그만큼 사회의 소득을 모두에게 나누는 효과도 있었습니다.

물론 기본소득으로 가장 삶이 달라진 건 경제적 어려움을 겪던 빈곤층입니다. 이들은 일정한 수입을 얻으면서 보금자리와 새로운 기회를 얻을 수 있었습니다. 덕분에 과거의 노숙자 텐트나 쪽방촌은 이제 우리 사회가 통과한 기억의 한 자락이 되었습니다.

* **IMF(국제통화기금) :** 세계무역의 안정을 위해 만들어진 국제 금융 기구입니다. 경제적으로 어려움에 빠진 국가에 돈을 빌려주고 환율을 안정시키는 등의 활동을 합니다.

* **구조 조정 :** 회사를 효율적으로 운영하기 위해 사업의 구조나 조직의 구조를 바꾸는 작업을 말합니다.

* **민영화 :** 국가가 직접 운영하는 공기업을 민간 기업이 운영하는 기업으로 바꾸는 것을 뜻합니다. 민영화가 되면 기업 운영이 더 효율적으로 이루어지고 좋은 서비스를 제공할 수 있다는 장점이 있습니다. 하지만 상품 가격이 올라갈 수도 있기 때문에 수도나 전기 등 국민 생활에 직접 관련된 분야는 민영화에 신중해야 합니다.

* **양극화** : 소득이나 자산 등 경제적 불평등이 심해져서 중산층이 무너져 하위 계급이 되고, 이 하위 계급은 중산층으로 올라가기 힘들어 빈곤층이 점점 늘어나는 현상입니다.

* **기본소득** : 나라에서 아무런 조건 없이 국민 모두에게 정기적으로 나누어 주는 소득입니다. 자산이나 재산 조건을 내걸거나 선별을 하는 과정 없이 현금으로 모든 개인에게 나누어 주는 점에서 현재의 복지 제도와 차이가 있습니다.

* **사회보험** : 실업이나 질병, 노령, 사망 등 국민이 미래에 겪을 수 있는 사회적 위험에 국가가 보험 방식으로 미리 대비하는 제도입니다. 소득이 있는 가입자에게 먼저 일정한 돈을 걷고 가입자가 어려운 상황에 처했을 때 거두어들인 돈을 지급해 위험에 대처할 수 있게 합니다.

* **기초생활보장 제도** : 가족의 도움이나 스스로의 힘으로 생계를 유지하기 어려운 국민에게 필요한 경비를 주어 최저 생활을 보장하는 제도입니다.

* **로봇세** : 로봇을 이용해 제품을 생산하는 기업에 물리는 세금을 말합니다. 로봇 때문에 근로자의 일자리가 감소하니 로봇세를 거두어야 한다는 의견과 로봇 산업의 발전을 저해하므로 걷지 말아야 한다는 의견이 팽팽합니다.

* **데이터세** : 인터넷 플랫폼을 기반으로 한 IT 기업이 개인의 정보를 데이터 삼아 수입을 거두는 대가로 국가에 내는 세금을 뜻합니다. 개인정보를 수집해 상업적으로 이용하지만 그 대가를 치르지 않기에 데이터세를 거두어야 한다는 주장이 있습니다.

4
기후 재난

“탄소 중립,
어디까지 왔을까요”

꿈꾸나옹

냐옹 기자　여러분, 안녕하십니까. 〈사라진 것을 보여 드림〉의 AI 고양이 기자, 꿈꾸 냐옹입니다.
저는 지금 하늘 위 헬리콥터 안에서 우리나라 동남부 해안 도시인 ○○시 ○○구를 바라보고 있습니다.

권석주(○○시 공무원)　평화로운 해안가 풍경 사이로 드문드문 보이는 고층 건물이 멋지죠. 그런데 보시다시피 이 지역은 현재 사람이 살지 않습니다.

냐옹 기자　네, 그렇습니다. 이 지역은 한때 많은 사람이 살던 번화가였습니다. 2023년 여름철 풍경을 자료화면으로 보시죠. 고층빌딩 사이로 사람들이 엄청나게 많은 것을 알 수 있습니다.

권석주(○○시 공무원)　해안가 상가랑 음식점에 사람들이 항상 북적였어요. 지금이랑은 완전 다르죠.

냐옹 기자　그럼 이곳에 살던 주민들은 어디로 갔을까요? ○○시청 소속 도시 계획 전문가의 인터뷰를 들어 보겠습니다.

민지영(도시 계획 전문가)　수십 년 전만 해도 이곳은 주민도, 관광객도 많은 지역이었습니다. 그렇지만 점차 침수와 해일 위험이 커지면서 대대적인 이주 계획을 세워 주민들을 다른 지역으로 옮겼어요. 그래서 지금은 사람이 없는 겁니다.

냐옹 기자 전문가의 말대로 새로운 도시 계획으로 이곳 주민들은 안전 지역으로 이동했습니다. 이러한 대비는 결정적인 도움이 되었습니다. 재작년 벌어진 대규모 해일에서 이 지역은 인명 피해가 발생하지 않았는데, 만약 그대로 사람들이 살았다면 상상하기 힘든 재난이 발생했을 것입니다.
여기서 의문이 생깁니다. 이 지역은 어쩌다 위험 지역이 되었을까요? 또한 대대적인 주민 이주가 어떻게 가능했을까요?
지금부터 하나씩 살펴보겠습니다. 냐옹!

지구 온난화 — 기후 변화

아열대 기후가 된 한반도

1996년, 장마가 있던 시절

"주말인 내일은 장마전선이 당분간 소강 상태에 들어가면서 전국이 구름이 많이 끼는 대체로 맑은 날씨를 보이겠습니다."

방금 보신 것은 1996년 7월 초 일기예보입니다. 주말을 앞두고 모처럼 맑은 날씨를 알리고 있는데요. 여기서 '장마전선'이라는 용어가 등장합니다. 원래 우리나라의 여름철에는 '장마'가 있었습니다. 장마는 여름에 며칠 동안 계속 내리는 비를 뜻합니다. 북쪽에 위치한 차가운 공기와 남쪽의 따뜻한 공기가 만나 만들어진 장마전선이 한반도에 걸쳐지면서 해마다 6월 말에서 7월 말 사이에 적지 않은 비를 뿌렸습니다.

하지만 20□□년 현재 우리에게는 장마보다 게릴라성 폭우가 익숙합니다. 무더위와 더불어 단시간에 많은 비가 내리는 아열대 기후가 되었기 때문입니다. 게릴라성 폭우는 오늘날의 한반도에서 낯선 풍경이 아니죠. 하지만 수십 년 전 한반도에서 이는 흔치 않은 일이었습니다. 자, 다음 화면을 보시죠.

2022년, 물 폭탄이 떨어진 서울

서울 도심 한복판. 지하철역 안으로 물이 쏟아지고, 열차는 운행을 멈췄습니다. 주택과 상가가 물에 잠기고 도로에는 더러운 하수가 역류하고 있습니다. 이 모습은 2022년 8월, 우리나라의 중부지방에 내린 집중호우가 불러온 재난 현장입니다.

시간당 141.5mm의 물 폭탄이 쏟아지면서, 서울이 순식간에 물바다로 바뀌었습니다. 서울에 내린 비로는 115년 만의 기록적인 수치라는 기상청의 발표가 이어졌습니다. 엄청난 집중호우로 인명 피해 소식도 곳곳에서 들렸습니다. 반지하 다세대 주택에 물이 쏟아져 들어오면서 일가족이 사망하고, 폭우가 쏟아질 당시 뚜껑이 열려 있던 맨홀 안으로 사람들이 휩쓸려 간 비극적 사건들도 전해졌습니다.

당시에 시간당 100mm가 넘는 집중호우는 특별한 현상이었습니다. 그만큼 물 폭탄의 원인이 무엇인지 찾아보려는 움직임도 활발했는데요. 2022년의 뉴스 인터뷰를 보시죠.

진철중(기상학과 교수) : 보통 1시간 동안의 강수량이 30mm를 넘으면 집중호우라 부르는데, 이보다 2배 이상 강한 비가 특정 지역에 집중해 쏟아지는 건 지금껏 한반도에서 경험하지 못했던 일입니다

윤홍(뉴스 앵커) : 왜 이런 현상이 일어나는 건지요?

진철중(기상학과 교수) : 지구 온난화와 기상 이변이 큰 원인입니다. 기후 변화는 지구의 열균형을 깨뜨렸고, 우리나라의 북쪽에서 내려오는 ….

지구과학에 관심이 있으시다면 지구의 복사 평형을 익히 들어 보셨을 겁니다. 지구가 흡수한 태양 복사 에너지만큼 지구 복사 에너지를 방출해 평형을 이루고, 이로써 일정한 기온을 유지하는 것입니다. 단, 전체적으로는 평형이지만 위도별로는 그렇지가 않습니다. 좀더 쉽게 말씀드리죠. 태양은 지구에 복사 에너지를 보냅니다. 그런데 지구가 둥근 탓에 적도는 에너지가 남아도는 데 반해, 극지방은 에너지가 부족한 불균형이 발생합니다. 이를 해소하기 위해 지구의 대기와 바닷물은 돌고 도는 순환으로 에너지 균형을 유지하고 있었습니다. 하지만 지구 온난화*가 이 균형을 깨뜨렸습니다. 지구의 평균 온도가 올라가면서 극지방의 빙하가 녹아내리고, 적도 지방의 뜨거운 바닷물과 극지방의 차가운 바닷물의 열 교환이 예전 같지 않게 된 것입니다.

2020년대, 지구가 들썩이다

당연히 지구 온난화는 우리나라뿐 아니라 전 세계에 영향을 미쳤습니다. 전 세계 곳곳에 전에 없던 이상 기후* 현상이 나

2020년 기록적인 폭우로 물에 잠긴 서울 한강 공원

2020년 가뭄으로 몇 달 동안 산불이 꺼지지 않은 호주

타나기 시작한 것인데요. 호주에서는 2020년을 전후로 건조한 날씨로 인한 산불이 몇 달이나 이어졌고, 유럽에서는 2021년에 대규모 홍수가 발생했습니다. 하와이 마우이섬은 2023년에 자동차까지 녹여 버릴 정도로 무서운 산불이 났습니다. 같은 해 아시아와 유럽은 폭염으로 몸살을 앓았습니다. 한반도의 기후 변화도 같은 맥락에서 벌어진 일이었습니다.

기후 변화는 또한 기후 분류를 바꾸었습니다. 이전까지 지구의 기후는 위도에 따라 열대 기후, 온대 기후, 한대 기후, 냉대 기후, 건조 기후 등으로 나뉘었습니다. 한반도는 사계절이 뚜렷하고 온화한 온대 기후에 속했습니다. 그러나 점차 아열대성 기후로 변했습니다. 그 결과 장마는 점차 사라지고, 극한 호우로 해마다 인명 피해가 심각했습니다.

이러한 기후 재해를 막기 위해서는 탄소 중립*을 실현하고 기후 위기를 막는 것이 가장 큰 과제였습니다. 더불어 앞으로 이어질 극단적인 기후 재난도 예측해야 했습니다. 지구 온난화가 폭우와 폭염, 산불을 불러올 것이 뻔한데, 그 심각성이 어느 정도일지 예측해야 피해를 줄일 수 있으니까요. 이에 기후 과학자들은 각국 정부가 기상 이변을 예측할 수 있는 시스템을 만들기 위해 고군분투하기 시작했습니다.

탄소 중립 — 지구 평균 기온

다 함께 기후 변화를

20□□년, 우리 집은 녹색 건축

저는 지금 '제로'라는 이름의 아파트 앞에 서 있습니다. 건물의 창문 바깥에 붙어 있는 전동 블라인드가 눈에 띕니다. 옥상에도 태양 빛을 모으는 판이 설치되어 있습니다.

이 아파트는 겉모습뿐 아니라 내부도 특별합니다. 일단 일반 건물보다 벽의 두께가 약 2.5배 두껍습니다. 전기세도 나가지 않습니다. 아파트 주민의 이야기를 들어 보겠습니다.

하동우(아파트 주민) : 계절마다 햇빛이 들어오는 각도에

맞게 블라인드가 움직여서, 여름에는 덜 덥고 겨울에는 덜 추워요. 벽도 두꺼우니 단열이 잘되고. 살 만하다 느끼지.

이 아파트는 단지 전체에 필요한 에너지를 최소한으로 줄이고, 사용할 에너지는 태양광 발전으로 외부에서 끌어옵니다. 연간 탄소 배출량을 0으로 만드는 녹색 건축*으로 이루어진 건물이라 제로 아파트라는 이름이 붙은 것이죠.

2015년, 지구를 구해 줘

수십 년 전부터 이런 방식의 아파트가 전국 곳곳에 자리 잡고 있습니다. 오래된 아파트를 고칠 때도 녹색 건축을 활용합니다. 주변의 환경, 햇빛과 바람이 들어오는 각도를 정확하게 계산해 집을 만드는 기술을 적용한 아파트도 늘어나고 있습니다. 그래야 여름에 시원하고 겨울에 따뜻하게 대비할 수 있기 때문입니다. 이 모든 시설은 탄소 배출량을 줄이기 위한 노력에서 비롯된 것입니다.

탄소 중립이란 대기 속의 이산화탄소 농도 증가를 막기

위해 화석 연료 사용을 자제해 탄소 배출량을 최대한 줄이는 한편 숲을 늘리는 등의 노력으로 실질적인 탄소 배출량을 0으로 만드는 것입니다.

2015년 유엔 기후변화협약 당사국총회에서는 전 세계 195개국이 모였는데요. 기후 변화를 늦추기 위한 노력으로 "산업화 이전에 비해 지구의 평균 기온이 올라가는 걸 1.5℃를 넘어서지 않도록" 하자는 협정을 채택했습니다. 지구 평균 기온이 2℃ 이상 올라가면 폭염이나 한파 등 인간이 감당하기 어려운 자연재해가 발생할 거라는 예측이 있었기 때문입니다.

20□□년, 되돌릴 수 없는 변화

물론 이 협정이 처음부터 잘 지켜진 것은 아니었습니다. 서로 서로 이해관계가 얽혀 기후 변화에 맞서기 위한 협력이 어려운 시기도 있었습니다. 하지만 기후 재난이 빈번해지자 사람들은 더 이상 물러설 곳이 없는 상황이라는 점을 깨달았습니다. 세계 각국은 협력해서 석유 대신 햇빛이나 물, 바람처럼 자연에서 얻은 재생 에너지로 전력을 얻었습니다.

우리나라 정부와 기업도 이러한 변화에 적극 동참했습니다. 석유 대신 바이오 연료를 사용한 자동차에 세금 감면 혜택을 주고, 녹색 건축 지원 법안을 통과시켰습니다. 자원을 재활용하는 사업에 적극 지원도 했고요. 덕분에 기업의 상품 생산도 달라졌습니다. 플라스틱이나 섬유, 전자제품 등 자원이 많이 필요한 상품들은 이제 새로운 원료 대신 기존에 버려진 상품을 재활용해 만들도록 법과 산업 구조가 바뀌었습니다. 자원을 낭비하지 않고 탄소 배출을 줄이는 방향으로 생산 구조를 바꾼 덕분에 환경을 지키게 된 것입니다.

모두의 책임감 있는 노력으로 지구의 평균 기온이 2℃ 이상 오르는 것은 가까스로 막았습니다. 하지만 이미 이루어진 기후 변화를 되돌리고 기후 재난을 사라지게 하는 건 역부족이었습니다. 그러자 다른 나라처럼 한반도도 변해 버린 환경에 맞닥뜨리게 되었습니다. 훨씬 더 덥고, 예측하기 어려운 폭우가 쏟아지고, 메마른 날씨로 산불이 잦아진 시대가 찾아왔습니다. 높아진 해수면에 해안가 마을은 물에 잠길 위험에 처했습니다.

이렇듯 기상 이변이 자주 찾아오는 시대가 되자, 사람들은 이에 적응하기 위해 사는 공간을 새롭게 바꾸었습니다. 특히 많은 사람이 모여 사는 도시는 재해에 대비한 모습을 갖추기 시작했습니다.

20□□년, 다가올 재난을 피해

저는 지금 △△시의 OO강 근처에 나와 있습니다. 하천을 따라 꽃과 나무가 길게 펼쳐진 것이 인상적입니다. 몇십 년 전만 하더라도 이 강 주변은 시멘트로 만든 둑과 아스팔트 도로가 있었는데요. 이제 하천 주변은 온통 푸른 숲이 자리 잡고 있습니다. 숲 한쪽에는 너른 공원도 있고, 강물이 흘러들어 가는 호수도 조성되어 있습니다.

이처럼 강 근처에 생태 공원을 만든 이유는 무엇일까요? 강력한 비가 자주 쏟아지는 환경에서는 하천이 범람해 홍수가 나기 쉽습니다. 시멘트나 아스팔트는 빗물을 제대로 흡수하지 못하기 때문입니다. 반면 흙이나 나무뿌리는 물을 머금고 천천히 흘려보내는 저장소 역할을 하기 때문에 하천 근처에 드넓은 공원을 만든 겁니다.

강 주변만의 이야기가 아닙니다. △△시는 도시 전체를 재난에 대비해 설계했습니다. 2022년 서울의 재난 상황에서 보듯, 홍수가 일어나면 가장 먼저 취약 계층의 주거지가 위험해집니다. 낮은 지대에 있는 반지하 형태의 집에 거주하는 사람이 많았기 때문입니다. 이에 △△시는 빈민 주거 지역이나 임대 주택은 전체 면적의 절반만 건물을 짓고, 나머지 면적은 나무와 흙길 등 자연 상태를 유지해 토양이 빗물을 흡수할 수 있게 했습니다. 반대로 물에 쉽게 잠기지 않도록 빗물을 흡수하지 않는 바닥 재료를 사용한 곳도 있습니다. 폭우가 쏟아져도 피해가 커지지 않도록 빗물이 흘러가야 할 곳과 흘러가지 말아야 할 곳을 분석해 설계한 겁니다.

또한 △△시는 도시에서 상대적으로 가장 안전한 지역에 주택지를 만들고, 가장 위험한 지역에는 녹지를 조성했습니다. 도로 주변에는 물이 자연스럽게 흘러가도록 생태 수로를 만들었고, 각 건물에도 빗물을 잘 받아 둘 수 있는 시설을 설치했습니다. 더불어 가뭄이 와서 물이 부족할 때에는 이 물을 깨끗하게 정화해 사용할 수 있게 만들었습니다. 도시를 설계할 때 재난을 막는 것을 최우선으로 둔 것이죠.

앞서 헬기를 타고 살펴본 OO시도 마찬가지입니다. 지구 온난화로 해수면이 상승할 것에 대비해 바닷가 도시를 새롭게 설계한 것인데요. 이렇듯 지금 우리는 재난의 위험성을 면밀히 따져 도시를 설계하고 있습니다. 기후 변화로 해수면이 높아져 물에 잠길 위험에 빠진 해안 도시는 수십 년 전부터 늘고 있습니다. 당장 바닷물에 잠기지 않더라도 큰 해일이 일어날 경우 재난이 벌어질 위험에 처한 지역은 모두 OO시와 같은 조치를 취했습니다. 오늘날 많은 해안가 도시에 사람들이 살지 않게 된 이유입니다.

슈퍼컴퓨터 — 빅데이터

예측 가능한 미래

20□□년, 과학으로 안전하게

저는 지금 국가기상센터의 커다란 전산실 안에 서 있습니다. 검은색 캐비닛 수십 개에 거대한 기계가 있고 이 안에 수많은 초록빛이 깜박이는데요. 이 기계의 정체가 무엇인지, 담당자에게 물어보았습니다.

박철민(국가기상센터 직원) : 이건 우리나라 최고 성능의 슈퍼컴퓨터 '누리'입니다. 세계에서 9번째로 성능이 좋은 컴퓨터예요. 저기 맞은편 2번 전산실에도 다른 슈퍼컴퓨터

2대가 있습니다.

슈퍼컴퓨터는 엄청나게 빠른 속도와 거대한 용량을 지녀 당대의 최상급 연산 속도와 정보 처리 능력을 지닌 컴퓨터를 말합니다. 전 세계에서 가장 성능이 좋은 컴퓨터를 500위까지 뽑아 순위를 매겨 정합니다. 짧은 시간 안에 복잡한 데이터를 계산하고 처리할 수 있어 재난 예방뿐 아니라 국방, 에너지 분야에서 큰 역할을 하고 있습니다.

그런데 슈퍼컴퓨터와 기상 예보 사이에 어떤 관계가 있는 것일까요? 기상 관측을 하려면 수치 예보 모델이라는 걸 씁니다. 수치 예보 모델이란 미래의 날씨를 예측하기 위해 만든 소프트웨어 프로그램을 말합니다. 슈퍼컴퓨터가 현재의 기상 관측 데이터를 모아 이를 시간과 공간에 따라 처리해 미래의 값을 계산해야 수치 예보 모델이 움직입니다

슈퍼컴퓨터는 기후 변화로 빈번해진 자연재해를 빠르게 예측하고 분석하는 데 쓰이고 있습니다. 기후 변화로 산불이 일어날 가능성이 높아졌지만, 다행히 AI를 통해 감지하는 게 빨라져 산불이 퍼지는 걸 막을 수 있습니다.

그뿐 아니라 연기가 이동하는 방식이나 연기의 특성을 분

석해 산불이 얼마나 번질지, 어디로 이동할지 미리 시뮬레이션할 수 있습니다. 산불이 일어나 소멸할 때까지 며칠간의 예측도 가능해 진압도 더 빨리 할 수 있죠. 덕분에 소방관이 다치는 일이나 주민들의 피해도 크게 줄었습니다.

슈퍼컴퓨터와 AI는 여름철 집중 호우에 따른 홍수도 예보합니다. 먼저 구름의 양과 대기의 흐름을 통해 날씨를 예측합니다. 그리고 지대가 낮은 구역과 홍수에 잠기기 쉬운 도로, 산사태와 가뭄으로 피해가 클 지역을 분석합니다. 이에 따라 대피 신호도 자동으로 보내죠. 위험 지대에는 자율 주행차와 드론을 보내 사람들이 접근하지 못하도록 막기도 합니다.

20□□년, 새로운 길

한 김치 생산 기업의 직원들이 원격 회의 중입니다. 모두 진지하게 생산부서 담당자의 발표를 듣고 있습니다. 회의를 위한 화면에는 복잡한 숫자와 차트가 가득합니다. 담당자에게 무엇에 대해 발표하고 있는지 물었습니다.

강윤지(생산부서 담당자) : 올해 슈퍼컴퓨터를 통한 기후 예측을 보니 태풍이 세 차례 올 거라고 하더라고요. 5월에는 가뭄이 이어질 거라는 발표가 있었고요. 이로써 김치의 재료인 배추와 고추의 생산량를 예측해 보면 재료값이 얼마나 오를지 알 수 있으니… 생산량을 얼마나 조절할지 수치를 뽑아 발표 중입니다.

보시는 것처럼 슈퍼컴퓨터의 예측 능력은 농업을 비롯한 경제 활동에도 도움을 주고 있습니다. 날씨 변화를 예측할 수 있고, 가뭄이나 홍수가 일어나는 날짜까지 미리 알 수 있으니 그해의 농산물 생산량을 가늠할 수 있는 거지요. 이에 따라 농작물을 선택하고 필요한 만큼 수확량을 확보할 수 있는 좀더 과학적인 농사법을 적용하게 되었습니다. 이뿐만 아니라 빙과업체, 여행업계, 패션계 등 기상 마케팅을 펼치는 업계는 모두 슈퍼컴퓨터의 정밀한 기상 예보에 큰 도움을 받고 있습니다.

무엇보다 슈퍼컴퓨터는 기후변화의 심각성을 줄이는 데도 도움을 주고 있습니다. 먼저 빅데이터를 사용해 탄소 배출을 줄이는 전략을 세울 수 있습니다. 또한 어떤 기업이 오염 물질을 과도하게 배출하는지 모니터링도 가능하죠. 현실적으로 탄소 배출을 줄이는 방법을 연구할 수도 있습니다. 또한 빅데이터*를 통해 세계 각국의 정보 불평등을 크게 줄이고 있습니다. 기후 재해는 전 세계적으로 일어나는 현상이므로, 세계 어느 지역에서 재난이 발생할지 빅데이터를 수집하고 분석하고 있는 것이죠. 이를 통해 상대적으로 과학기술이 뒤떨어지거나 기후 재해에 취약한 나라의 피해가 전보다 크게 줄어들고 있습니다.

한때 시시때때로 찾아온 기후 재난으로 지구의 미래가 어둡기만 했던 때가 있었습니다. 그렇지만 세계 각국의 합심으로 인류는 새로운 길을 찾고 있습니다. 여기에 과학기술의 발달도 커다란 역할을 했습니다. 앞으로도 인간은 지구 환경과 공존하며 안전하고 평화로운 길을 찾아갈 수 있을까요?

* **지구 온난화 :** 지구의 평균 기온이 점점 상승하는 현상을 말합니다. 대기 중 이산화탄소, 메탄, 오존 등 온실가스가 늘어나는 것이 지구 온난화의 원인으로 밝혀졌습니다.

* **이상 기후 :** 기온이나 강수량이 정상적인 상태를 벗어난 기후를 말합니다. 지구는 태양 에너지를 받는데 적도 부근은 에너지가 남고 극지방은 에너지가 부족해, 적도 지역의 남는 에너지를 고위도 지역으로 운반하는 전체적인 순환이 일어납니다. 이 때문에 지구의 기후 시스템에서는 바닷물과 공기의 순환이 끊임없이 일어나면서 지구의 평균 기온이 일정하게 유지됩니다. 그러나 지구 온난화로 이러한 균형이 깨지면서 비정상적인 가뭄이나 폭설, 한파 등 특이한 기후 현상이 나타나는데 이를 이상 기후라고 합니다.

* **탄소 중립 :** 개인이나 기업이 이산화탄소를 배출하는 양만큼 이산화탄소를 흡수하는 양도 늘려 실질적인 이산화탄소 배출량을 0으로 만드는 것을 말합니다. 이산화탄소를 배출하는 만큼 나무를 심고 숲을 만드는 등 다양한 방법으로 전 세계 각국이 탄소 중립에 힘쓰고 있습니다.

* **녹색 건축 :** 에너지를 절약하고 자연 환경을 지키기 위해 설계하고 지은 건축물을 말합니다. 녹색 건축에서는 에너지를 줄일 수 있는 다양한 기술을 활용합니다. 자연스러운 환기가 이루어지는 구조로 짓고, 건물에서 직접 태양광이나 태양열, 풍력 등의 신재생에너지를 만들어 활용하는 것이 그 예입니다.

* **빅데이터 :** 디지털 환경에서 만들어지는 엄청난 양과 규모를 지닌 데이터입니다. 빅데이터는 단순히 규모가 방대한 것뿐 아니라 생성 주기가 짧고, 숫자뿐 아니라 문자와 영상 데이터까지 포함합니다. 빅데이터를 얼마나 차지하고 관리하느냐에 따라 기업과 국가의 경쟁력이 결정된다는 전망도 있습니다.

5

정상 가족

“비정상은 없고 모두 정상입니다”

꿈꾸냐옹

냐옹 기자 여러분, 안녕하십니까? 〈사라진 것을 보여 드림〉의 AI 고양이 기자, 꿈꾸 냐옹입니다!
저는 지금 가족사진 전시회에 나와 있습니다. 대상작 상품으로 달로 가는 우주 여행권을 걸었더니 응모작만 수천 장이라고 합니다.

이서진(행사 기획자) 응모작이 많기도 하고 워낙 그 모습이 다양해서 심사가 치열했어요. 부부가 이성이기도 하고 동성이기도 하고요. 부모가 아빠나 엄마 중 한 명만 있는 경우가 많아요. 할아버지나 할머니, 아이로만 구성된 가족도 보이고요.

조정식(가작 수상자) 저희 가족은 친구 넷으로 구성되어 있습니다. 지금 5년째 함께 지내고 있어요. 생활을 함께하는 동반자를 넘어 가족이라 생각해 이번 행사에 참여하게 되었습니다.

김소연(우수상 수상자) 저는 혼자 아이랑 살아요. 얼마 전에 아이랑 둘이 가족 사진을 엄청 즐겁게 찍었는데 그 사진으로 이렇게 전시회까지 참여해서 너무 기뻐요.

냐옹 기자 이 콘테스트는 오래전부터 이어지고 있습니다. 행사를 담당하고 있는 기획자는, 과거와는 행사의 모습이나 참여하는 가족의 구성이 많이 바뀌었다고 이야기합니다.

이서진(행사 기획자) 과거 행사 기록을 보면 시간의 흐름에 따라 예전과는 가족의 구성이 달라졌다는 걸 알 수 있습니다.

냐옹 기자 네, 예전 가족사진을 보면 지금과 확연히 다른데요. 주로 부부와 아이로 이루어진 3~4인 가족이나 조부모와 부모, 자녀로 이루어진 대가족이 흔합니다. 확실히 지금과는 다르게 획일화되어 있는 것 같은데요. 예전에는 가족의 모습이 왜 이렇게 비슷했을까요? 무슨 속사정이 있었는지 지금부터 살펴보시죠. 냐옹!

정상 가족 — 차별

너희는 가족이 아니야

2023년, 누가 나의 가족일까?

2023년 한 남녀의 결혼식이 열리고 있습니다. 신랑과 신부는 가족과 친구들의 축하를 받으며 식장에서 주례사를 듣고 있습니다.

주례 : 신랑, 신부 두 사람이 이제 한 가족으로 맺어졌음을 선언합니다. 검은 머리가 파뿌리가 될 때까지 사랑하며 함께하리라 생각합니다.

이 주례사처럼 결혼은 당시 새로운 가족을 맺는 대표적인 방법이었습니다. 당시의 법을 통해서도 이러한 사실을 잘 알 수 있습니다. 우리나라의 민법*에서는 가족의 범위를 혈연, 혼인, 입양으로 이루어진 관계로 한정 짓고 있었습니다. '같은 핏줄'로 맺어진 관계가 아니라면 결혼을 하든지 입양을 해야만 가족이 될 수 있었지요.

그런데 이미 2021년에 친족이 아닌 사람들끼리 살고 있는 경우가 47만 가구를 넘은 상태였습니다. 2012년 조사했던 것에 비해 2배 넘게 늘어난 수치였습니다. 동성끼리 함께 지내는 경우도 있었고, 1인 가구였던 이들끼리 한 가족을 이루어 일상

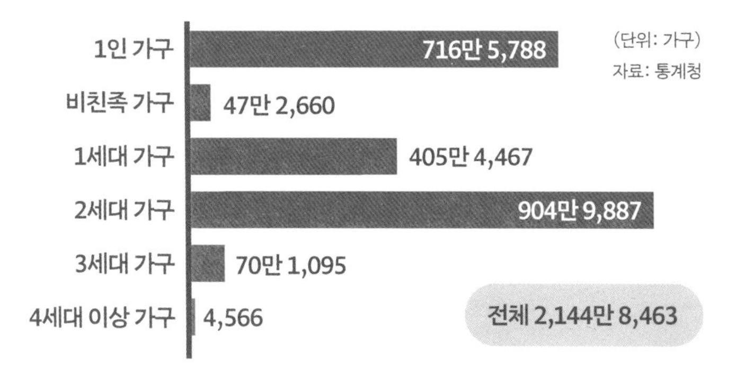

2021년 가족 구성

을 나누고 서로 책임지는 관계가 된 경우도 많았습니다.

현실이 변화하자 가족에 대한 시민들의 생각도 바뀌고 있었습니다. 2019년 6월 여성가족부에서 발표한 〈가족 다양성에 대한 국민 인식 조사〉에 따르면 '가족'의 범위에 대해 "혼인이나 혈연 관계가 아니어도 생계와 주거를 공유하면 가족이라는 데 동의한다"라는 비율이 69.7%나 되었고, "정서적 유대를 가진 친밀한 관계이면 가족이 될 수 있다"라는 비율도 39.9%로 비교적 높았습니다. 그렇지만 여전히 가족에 대한 고정관념이 자리 잡고 있어 문제가 있었습니다.

2023년, 정상 가족만 인정해

지금 보시는 영상은 2023년에 제작된 다큐멘터리로, 어느 병원 응급실의 상황을 보여 주고 있습니다. 교통사고로 머리를 다쳐 의식을 잃은 채 환자 최현지 씨가 들어옵니다. 소식을 듣고 급히 달려온 민주원 씨. 민주원 씨는 5년간 최현지 씨와 함께 생활해 온 친구입니다. 그런데 민주원 씨가 최현지 씨를 위해 할 수 있는 게 아무것도 없습니다.

민주원 : 현지가 수술을 받아야 하는 다급한 상황인데, 수술 동의서에 저는 서명을 할 수 없대요. 법적으로 정해진 가족만 할 수 있대요. 저는 보호자가 될 수 없어서 먼 지방에 계신 현지 부모님께 빨리 오시라고 전화를 드려야 해요.

울먹이며 최현지 씨의 부모님에게 전화를 하는 민주원 씨. 왜 이런 상황이 벌어진 걸까요.

이 둘이 겪은 어려움은 변해 가는 가족의 현실을 따라가지 못하는 법이나 제도의 한계를 알려 줍니다. 이미 1인 가구나 친족으로 구성되지 않은 가구가 전체의 40% 이상을 차지했지만 국가가 정한 법이나 제도가 새로운 모습의 가족을 인정하지 않고 있었기 때문입니다.

인구가 고령화되면서 50대 이상으로 구성된 1인 가구가 늘어나 서로 고립되지 않도록 돌봐야 하는 경우가 꽤 많았음에도 법적 보호자로 인정되지 않았다는 것도 문제였습니다. 입양을 통해 아이를 가지고 싶어도 입양아에 대한 차별적 시선 때문에 이를 고민하게 되는 경우도 있었습니다. 거부하기 어려운 변화가 현실에서 나타나고 있었지만, 가족 개념이 제한되어 발생하는 문제가 늘어난 것이죠. 정상 가족만 인정하는 분위기 속에서 편견과 차별에 고통받는 이들도 여전히 존재했습니다.

또한 병원에서 보호자로 인정되지 못해 멀리 있는 가족의 도움을 받아야 한다거나, 함께 지내던 동거인이 사망했다 해도 장례를 주관할 수 없어 무연고 사망자 처리를 하는 경우도 있었습니다. 2023년 기준 의료법 제24조의 2에서 규정하고 있는 내용에 따르면 "의사는 사람의 생명 또는 신체에 중대한 위해를 발생하게 할 우려가 있는 수술을 하는 경우, 이를 환자에게 설명하고 동의를 받아야 한다"라는 내용이 존재했습니다. 즉 병원은 환자나 보호자에게 수술 동의서를 받아야만 수술할 수 있었던 것이죠. 수술 동의서에는 "예기치 못한 상황이 발생할 경우 모든 의학적 처리를 주치의의 판단에 맡기겠다"라는 내용이 쓰여 있는 경우가 많았습니다.

또한 환자가 의사 결정 능력이 없는 미성년자라면 의료법에서 정한 대로 '법정 대리인'의 자격이 있는 사람, 즉 가족이나 후견인 등이 동의서에 서명할 수 있었습니다. 그런데 특별한 경우가 아닐 경우, 성인은 법정 대리인을 따로 지정할 수 없기에 대체로 가족에게 동의서를 받았습니다. 보건복지부에서 법을 해석해 병원에 지침을 내린 것이지요.

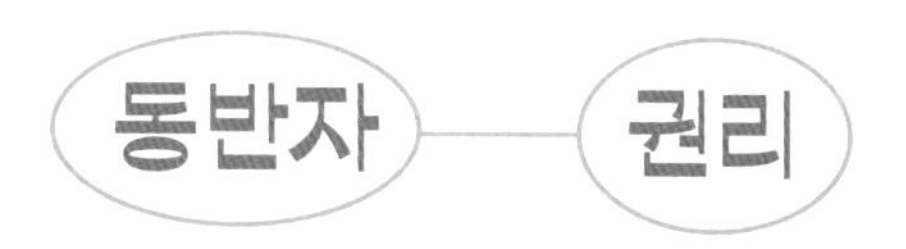

그들은 왜 불행해야 할까

2023년, 보호자가 될 수 있는 자격

문제는 이 지점에서 발생했습니다. 대부분의 병원에서는 이 '보호자의 범위'를 엄격하게 가족으로 제한했는데 그 내용이 병원마다 제각기 달랐습니다. 어떤 병원에서는 부모나 자녀, 배우자 외에도 형제자매까지 가족으로 인정하고, 어떤 경우에는 부모나 자녀, 배우자까지만 가족으로 인정하기도 했습니다. 그런데 이 가족이라는 범위가 그리 넓지 않아 문제였습니다.

보호자는 비상시에 환자의 몸과 건강에 대한 결정권을 갖는 것뿐 아니라, 만약 수술로 합병증과 후유증이 생기면 함께 돌보고 책임진다는 의미를 가지고 있습니다. 그만큼 환자를 잘 아는 사람이어야 한다는 것이죠. 그런데 민주원 씨와 최현지 씨처럼 5년 동안 일상을 공유할 만큼 잘 아는 사람이 서로를 돌볼 자격이 없다는 것은 매우 안타까운 일이었습니다.

앞의 사례뿐 아니라 병원의 보호자 제도 때문에 난감한 상황에 처하는 경우가 많았습니다. 아버지의 가정 폭력 때문에 집을 나왔으나 가족과 배우자 외에는 보호자로 인정을 해주지 않는 병원 때문에 몇 년 만에 폭력을 저지른 아버지에게 연락을 해야 하는 환자, 다급히 수술을 해야 했지만 보호자 자격이 있는 자녀들과 연락이 끊겨 죽음 직전까지 갔던 환자 등의 사연이 당시 다큐멘터리에 담겨 있습니다.

2013년, 동성 부부의 비극

우리나라에는 오랫동안 동성 부부의 결합을 인정하지 않아 벌어진 비극도 있습니다. 2013년에 일어난 사건이 대표적입니다.

40여 년간 함께 생활하며 재산을 축적해 온 여고 동창생 사이인 A와 B, 두 사람이 있었습니다. 알고 보니 두 사람은 동성 부부였습니다. 그런데 직장 생활을 하며 돈을 벌던 A씨가 투병 생활을 하며 죽음에 가까워지기 시작했습니다. 이 부부는 오랫동안 생활 동반자*로서의 관계를 이어 왔지만 동성이었기 때문에 사실혼* 관계를 인정받지 못했습니다.

아픈 A씨를 줄곧 간병했음에도 B씨는 아무런 권리를 인정받지 못했습니다. 심지어 그동안 모아 온 재산 상속과 보험금 수령, 가족의 권리는 혈연이라는 이유만으로 A씨의 조카가 가져갔습니다. 또한 B씨가 함께 모은 재산이나마 되찾으려 자신과 A씨가 함께 살던 집에 있던 유가 증권과 귀중품, 생필품 등을 챙겨 나왔는데 A씨의 조카로부터 주거침입죄와 절도죄로 신고를 당했습니다. 심지어 조카는 B씨가 A씨의 간병이나 문병조차 할 수 없도록 막았습니다.

두 달 뒤 B씨는 A씨에게 장기기증을 해달라는 유서와 함께 스스로 목숨을 끊었습니다. 그러나 알고 보니 A씨 역시 투병 중 사망한 상태였고, 두 사람이 쌓아 온 재산은 A씨의 조카에게 모두 돌아갔습니다.

40여 년간 함께 동반자로서 살아 온 두 사람은 동성이라는 이유로 부부로서의 자격을 얻지 못했고, 결국 비극을 맞았습니다. 이 사건은 동성 부부 간 권리에 대한 생각에 의문을 던졌습니다. 인간으로서 가질 수 있는 가족 구성권이나 행복 추구권에서 성소수자가 왜 배제되어야 하는지 화두를 던진 사건이었습니다.

동성 혼인은 네덜란드나 캐나다, 프랑스와 영국, 오스트레일리아와 아시아 국가로는 대만 등 많은 나라에서 이미 합법화된 제도였습니다. 동성 부부 역시 이성 부부와 마찬가지로 법적 결혼을 인정하면서 상속이나 세금, 건강보험이나 연금, 주택 제도 등에서 혜택을 누릴 수 있어야 한다는 요구에서 비롯된 것이었습니다.

그러나 한국에서는 오랫동안 동성 부부의 법적 권리를 인정하는 움직임이 나타나지 않았습니다. 그러다 2023년 2월 동성 부부가 다른 한쪽을 건강보험의 피부양자* 자격으로 인정해 달라는 소송에서 이기면서 한국에서도 새로운 움직임이 나타났습니다. 실제 생활 공동체인데 동성이라는 이유만으로 차별 대우를 받을 이유가 없다는 판결이었습니다.

동반자 계약 — 결혼 제도

새로운 가족의 탄생

20□□년, 우리 계약했어요

저는 지금 장소를 이동해 법원 앞에 서 있습니다. 하늘이 높고 햇살이 밝게 비추는 오늘, 여기서 새로운 커플이 탄생했습니다. 동반자로 오랫동안 함께 생활해 온 동성 커플, 김미래 씨와 장내일 씨는 서로 동반자 계약을 맺었습니다. 동반자 계약을 통해 이 커플은 서로 어떤 공동의 책임과 권리를 갖는 존재가 될까요?

김미래 : 이제 서로의 피부양자이자 보호자가 되어 줄 수 있죠. 무엇보다 우리가 제도적으로 인정받은 관계라는 점에서 안도감을 느끼고 있어요.

두 사람은 이제 어떤 관계가 되는 걸까요? 동반자 계약을 맺으면 결혼으로 이루어진 관계보다는 느슨하지만 생활을 함께하는 동반자로 인정받게 됩니다. 가족과 비슷한 권리를 누리기도 합니다. 반면 결혼처럼 가족으로 묶이는 것은 아니기 때문에 서로의 가족을 부양할 의무를 지거나 가부장제를 그대로 이어 갈 필요가 없습니다. 그래도 서로를 성실하게 책임질 의무가 있고, 한쪽이 아플 경우 다른 한쪽을 보호자로 지정할 수 있으며, 당사자의 유언에 따라 상속이 인정되기도 합니다.

이 제도는 의외의 효과를 가져오기도 했습니다. 예전에는 함께 살고 싶은 사람과 지내기 위해 거쳐야 할 과정이 많고, 큰 부담을 떠안아야 하는 경우가 있었습니다. 또한 동성 커플은 가족으로 인정받고 싶어도 혼인이 성립되지 않아 함께 살기 어려운 경우도 많았습니다. 동반자가 있음에도 각종 세금이나 건강보험료에서 혜택을 누릴 수 없었는데 이런 어려움이 해소된 겁니다.

공적인 부분뿐 아니라 사적인 부분에서도 동반자 계약이 성립되면서 이제 동성 커플은 혜택을 누릴 수 있습니다. 신청을 하면 회사에 부양자로 등록해 수당을 받거나 항공사 마일리지에서도 가족 적립이 되기 때문에 인정을 받는다는 느낌이 든다고 합니다. 이 외에도 기업 중에는 가족 돌봄을 위한 휴직이나 휴가를 받을 때 동반자 계약을 한 이들을 포함시키고, 동반자가 사망했을 때 장례를 위한 경조 휴가를 인정해 주는 회사도 많습니다. 덕분에 예전과 달리 동성 커플도 가족으로서의 삶을 찾아가고 있습니다.

20□□년, 미래를 바꾸는 제도

물론 동반자 계약 제도를 만들 때 걱정과 우려의 목소리도 많았습니다. 예를 들어 아파트 청약이나 세금 공제 등을 위해 가짜로 동반자인 척하는 사람들이 늘어날 거라는 것이죠. 그저 인원수만 맞춰서 생활비를 나누어 내는 데 동반자 계약 제도를 이용할 수도 있습니다. 동성 부부를 인정하느냐에 대한 반대 여론도 만만치 않았습니다.

이러한 부작용을 줄이기 위해 동반자 계약을 하려는 사람들의 자격 요건을 명확히 하는 논의를 거치고 또 거쳤습니다. 동성 부부도 이성 부부처럼 기본적인 권리를 인정받아야 한다는 여론과 전 국민적 합의를 이끌어 내는 데도 긴 시간이 필요했습니다.

동반자 계약 제도로 혜택을 본 것은 동성 커플만이 아닙니다. 동반자 계약을 통해 동성 간 결합이 가장 많이 이루어질 것이라 예측했지만, 실제로는 지금까지 동반자 계약을 맺은 커플의 절반 이상은 이성 커플이었습니다. 결혼 제도를 선택하는 것보다 의무와 부담이 상대적으로 적은 이 제도를 선택한 커플이 많았던 겁니다.

동반자 계약을 맺은 커플의 경우 결혼을 하지 않아도 아이를 낳을 경우 아버지의 친권을 인정해 주기 때문에 출생률이 올라가는 효과도 있었습니다. 새로운 가족 형태가 받아들여지고, 반드시 결혼을 통해 태어난 아이가 아니라도 양육비 지원 같은 국가의 지원과 혜택을 받을 수 있는 분위기가 확산되자, 출생률도 눈에 띄게 올라갔습니다. 과거 우리나라가 맞닥뜨린 가장 커다란 문제였던 저출생*을 조금이나마 해결하는 데에 동반자 계약이 도움이 된 것입니다.

이제 한 가족이 된 김미래 씨와 장내일 씨. 법원 밖으로 걸어 나가는 두 사람의 발걸음이 가벼워 보입니다. 함께 걷는 두 사람의 모습에서 새로운 가족의 탄생을 느낄 수 있습니다.

* **민법 :** 개인과 개인 간의 사적인 생활 관계를 규율하는 법의 한 종류로, 재산 관계와 가족 관계 등을 규율하는 법입니다.

* **생활 동반자 :** 혼인이나 혈연 관계에 있지는 않지만 함께 생활하며 서로를 돌보기로 한 사이의 이들을 일컫는 말입니다.

* **사실혼 :** 법적으로 혼인 신고를 하지 않은 상태로 함께 생활하면서 서로를 부부로 인정하는 관계를 말합니다. 사실혼이 성립하려면 두 당사자가 부부라는 생각을 가지고 공동 생활을 해야 하며, 부부의 공동 생활을 인정할 만한 혼인 생활의 실체가 있어야 합니다.

* **피부양자** : 다른 사람에게 부양을 받는 사람을 말합니다. 건강보험에서의 피부양자란 직장에서 일하며 소득의 일부를 건강보험으로 내는 이들에게 생계를 의존하는 사람을 말합니다.
대한민국 국민이라면 건강보험에 의무적으로 가입해야 하는데, 스스로 건강보험료를 책임질 만큼의 재산과 소득이 충분하지 못하면 직장에 다니는 다른 가족의 피부양자로 들어가 건강보험에 가입합니다. 주로 직장 가입자의 배우자나 부모, 자녀 중 소득과 재산이 일정 기준에 미치지 않으면 피부양자가 될 수 있으며, 이 경우 건강보험비를 따로 내지 않아도 됩니다.

* **저출생** : 아이가 적게 태어나는 현상을 뜻합니다. 출생과 관련한 통계는 조출생률과 합계출산율이 있습니다. 조출생률은 인구 1,000명당 출생아 수를 나타내는 것이며, 합계출산율은 가임기 여성(15-49세) 1명이 가임 기간(15-49세) 동안 낳을 것으로 예상되는 평균 출생아 수를 가리킵니다.

6
지방
소멸

“전국 곳곳이 핫플레이스입니다”

꿈꾸냐옹

냐옹 기자　여러분, 안녕하십니까? 〈사라진 것을 보여 드림〉의 AI 고양이 기자, 꿈꾸 냐옹입니다!
저는 요즘 핫플레이스로 꼽히는 OO시에 와 있습니다. 이곳의 한 건물 앞에 사람들이 길게 줄을 서 있는데요.

송은지(22세, 학생)　여기 요즘 핫해요. 그래서 저도 서울에서 일부러 내려온 거예요. 커피도 맛있는데 예술가들이 협업해서 만든 패션 소품이 대박이에요.

냐옹 기자　높은 천정과 탁 트인 공간이 인상적인 이 건물 1층에는 아름답고 독특한 디자인의 옷과 신발, 모자 등이 진열되어 있습니다. 과거 석탄 공장이었던 이곳은 이제 '디자인 공장'이라 불리는 전국적으로 유명한 핫플레이스입니다.

박예술(47세, 공장 운영자)　원래 이 지역은 석탄 산업이 발달했던 곳이에요. 그런데 이곳의 공장이랑 탄광이 전부 문을 닫으면서 오랫동안 폐공장도, 마을도 그냥 방치되고 있었거든요.

냐옹 기자　방치된 지역이 어떻게 핫플레이스가 되었을까요?

박예술(47세, 공장 운영자)　10년 전쯤 이 지역에 디자인 창작촌을 유치하고 디자인 관련 대학들이 들어오면서 신인 디자이너분들이 대거 이주했거든요. 덕분에 사업 아이디어를 얻게 되었죠.

냐옹 기자 석탄을 캐던 지역이 패션 핫플레이스가 되다니 재미있는 일인데요.
이 지역의 신기한 어제와 오늘을 살펴보시죠, 냐옹!

경제 성장 — 수도권 과밀화

서울 공화국의 탄생

20□□년, 전국 곳곳이 핫플레이스

저는 지금 '디자인 공장'에서 몇 킬로미터 떨어진 곳에 있습니다. 예쁘게 디자인된 집들이 늘어서 있는데요. 빈집을 리모델링해서 만든 건물들입니다. 대부분 낡고 관리가 되지 않아 사람이 살기 어려운 망가진 주택이었습니다. 이 지역의 도시 재생과에서는 이 집들을 허물고 새로 짓기보다 보수를 하기로 결정했습니다. 주택의 원래 골조를 살린 채 지붕이나 외벽만 바꾸는 식으로 새롭게 보수했고, 이를 젊은 디자이너들에게 빌려주는 정책을 펼친 것인데요. 임대료를 몇 년간 올리지 않는다는 조건으로 임대해 주었다고 합니다.

마을의 공터로 남아 있는 곳도 새롭게 바뀌었습니다. 광장을 만들고 그곳에 디자이너들의 작업실 및 주민 커뮤니티 건물도 세웠습니다. 디자인 관련 기관 유치에도 힘써서 대학과 연구 기관들이 들어섰습니다. 점차 디자이너들이 운영하는 패션숍이나 책방, 카페 등이 들어섰고, 원래 폐교였거나 문 닫은 공장이었던 건물은 새롭게 변모했습니다.

이제 이 지역의 주요 거리는 전국적인 핫플레이스입니다. 거리의 독특한 문화적 환경 덕분에 다른 지역의 시민들이 일부러 찾아오는 장소가 되었습니다.

이 도시의 예에서 볼 수 있듯 현재는 전국 곳곳에 핫플레이스가 있는 것이 어색하지 않습니다. 그러나 수십 년 전만 해도 전 국민이 몰려드는 지역은 유일했습니다. 바로 서울과 수도권이었습니다.

2022년, 수도권에 살아야 한다

2022년 3월, 강남역 앞 버스 정류장의 모습을 보시죠. 저녁 7시의 광경을 찍은 자료화면입니다. 줄을 선 사람들이 버스 정류장을 지나 수십 미터까지 이어지는 게 보입니다. 이 줄의 정체는 무엇일까요? 자세히 보니 버스 정류장 앞, 경기도로 가는 광역버스를 기다리는 행렬입니다.

이곳에 다소 지친 얼굴로 줄을 서 있는 이현재 씨. 직장은 서울에 있지만 집은 경기도에 있어 퇴근을 위해 광역버스를 기다리는 중입니다. 당시 기자가 그의 퇴근길을 따라가 보았습니다. 버스를 타고 1시간가량 경기도로 향해, 그곳에서 또다시 버스를 갈아타고 20분가량을 더 들어가야 합니다. 그가 퇴근을 마치고 집에 도착한 시간은 8시 30분. 직장에서 집까지 1시간 20~30분이 걸린 것입니다.

이현재(33세, 회사원) : 출퇴근 시간을 합치면 왕복 3시간을 길에서 허비하는 셈이에요. 아직 미혼이고 부모님이 계신 본가가 이 지역에 있어서 서울로 출퇴근을 하는데, 길에서 버리는 시간이 아까워요.

2018년 서울 강남에서 광역버스를 기다리는 사람들

현실은 〈나의 해방일지〉라는 당시 인기 드라마에도 반영되었습니다. "밝을 때 퇴근했는데, 밤이야. 저녁이 없어." "뉴욕까진 아니어도, 적어도 서울에서 태어났으면…" 드라마 속 주인공인 삼남매가 내뱉는 대사가 신기하게 느껴집니다.

왜 이렇게 먼 거리를 출퇴근해야 했던 걸까요?

이현재(33세, 회사원) : 저도 사는 곳 근처에 직장이 있으면 좋겠어요. 그렇지만 제가 일하는 분야에서 괜찮은 직장은

전부 서울이나 경기도의 몇몇 도시에 몰려 있거든요. 어쩔 수 없어요.

이현재 씨의 상황과 드라마 속 삼남매가 겪어야 했던 상황은 당시 인구와 일자리가 서울에 몰려 있었던 현실을 실감하게 합니다.

서울은 인구수부터 엄청났습니다. 2022년 기준 5,161만 명에 이르는 한국의 총인구 중 서울에 사는 인구는 950만 명이 넘었습니다. 인천광역시와 경기도, 즉 수도권까지 넓혀 보면 상황이 더욱 심각했습니다. 총인구의 절반이 넘는 2,603만 명이 수도권에 거주하고 있었던 겁니다.

전체 국토의 약 11.8%에 불과한 수도권에 인구의 절반 이상이 밀집된 채 지내고 있다는 사실, 전 세계적으로 보아도 기이한 현상이었습니다. 미국이나 영국처럼 수도권에 많은 인구가 몰려 있는 나라라 해도 인구의 절반 이상이 수도권에 몰려 사는 경우는 흔치 않았으니까요. 그러나 이런 불편함에도 불구하고 사람들이 서울에 몰려 살거나 서울 주변부를 맴돌아야 하는 밑바탕에는 또 다른 원인이 있었습니다.

1970년대, 새마을 운동을 합시다

이번에는 좀더 과거로 가보시죠. 1970년대 농촌의 한 마을, 새벽부터 확성기를 통해 노래가 흘러나옵니다.

새벽종이 울렸네/ 새아침이 밝았네/ 너도나도 일어나/ 새마을을 가꾸세

노래가 흘러나오자마자 마을 사람들이 빗자루를 들고 나와 자신의 집 앞마당과 동네 청소를 하기 시작합니다.

1970년대 농촌 마을의 이런 아침 풍경은 '새마을 운동'에서 시작된 것이었습니다. 1970년부터 시작된 새마을 운동은 정부가 주도한 범국민적인 지역사회 개발 운동이었습니다. 근면·자조·협동을 내세워 농촌 지역을 개발하겠다는 의지를 내보인 정책이었습니다. 이렇게 새마을 운동이 실시된 데에는 사회·경제적으로 농촌 지역이 뒤떨어져 있던 현실과 관련이 깊습니다.

1960년대부터 우리나라는 정부의 주도로 경제 성장이 이루어지고 있었습니다. 전쟁과 분단을 겪은 한국은 다른 선진

국들에 비해 뒤늦은 경제 성장을 이루어야 했지요. 농촌과 도시, 가릴 것 없이 경제적으로 어려운 형편이었으니 쉽지 않은 도전이었습니다.

경제를 성장시키기 위해, 강력하게 집중된 힘이 필요했습니다. 이에 당시 정부는 인구나 산업을 한곳으로 모아 경쟁력을 높이고 자본을 끌어모으는 방식을 택했습니다. 경제개발 계획* 역시 대도시, 특히 서울과 그 주변에 자원을 집중시키고 주요한 산업 단지를 조성하는 방향으로 이루어졌습니다. 수도권과 대기업 중심의 경제개발 정책으로 정부의 지원이 몰렸습니다.

1980년대, 고향을 떠나는 사람들

저임금·저곡가 정책도 도시와 지방의 격차를 만든 주요한 정책이었습니다. 자원도 부족하고 자본도 빈약한 우리나라가 가진 것이라곤 저렴한 인적 자원뿐이었습니다. 언제까지나 농업에 의존할 수 없고 식량도 충분치 않으니, 정부는 공업 국가로 발돋움하는 데 관심을 기울였습니다. 해외에서 자원을 수집한 다음 값싼 노동력을 이용해 상품을 가공한 뒤 수

출하는 전략을 세웠지요. 임금이 비싸지면 공업 경쟁력이 떨어진다고 판단해 노동자들의 임금을 낮게 유지하는 정책을 펼쳤습니다.

그런데 임금을 낮게 유지하는 것도 쉽지 않았습니다. 결국 저임금 정책을 유지하기 위해 이루어졌던 것이 곡물의 가격을 낮추는 저곡가 정책이었습니다. 낮은 임금을 받는 공장 노동자들이 주식인 농산물 가격, 특히 쌀값이 올라가면 불만이 폭발할 수도 있는 상황이었으니까요. 농산물 가격을 일정 수준 이하로 떨어뜨리며 도시 노동자들의 불만을 잠재우려 했던 것입니다.

쌀값이 떨어지니 도시의 노동자들은 이득을 누렸고 기업들은 노동자들의 임금을 올려 줄 필요가 없었습니다. 반면 쌀을 공급하는 농민은 손해를 보아야 했습니다. 농촌의 경제 사정이 어려워지면서 농민들은 고향을 버리고 공장이 있는 도시로 몰렸고, 기업들은 서울이나 수도권에서 낮은 가격에 노동력을 확보할 수 있었습니다. 한국 경제의 눈부신 성장은 서울과 수도권의 발달을 불러왔지만, 그만큼 농촌의 인구를 빠져나가게 한 겁니다.

이처럼 정부가 주도한 중앙 집중화, 저곡가 정책으로 일

2006년 서울 용산의 거주 밀집 지역

자리는 수도권으로 몰렸습니다. 농촌의 인구도 점차 수도권으로 이동했습니다. 새마을 운동으로 농촌도 어느 정도 발전을 이루었지만 수도권의 도시들을 따라가기에는 무리가 있었습니다. 1970년대 수도권 인구는 한국 전체 인구의 28.3% 정도였지만 그 비율이 점차 늘어났습니다. 2020년에는 전 국민의 절반 이상이 수도권에 몰리는 현상까지 나타났습니다. 그리고 이 수도권 과밀화 현상은 특이한 대한민국의 모습을 만들었습니다.

말은 제주로, 사람은 서울로

2000년대, 인 서울 가능?

지금 보시는 것은 2020년 한 인터넷 커뮤니티의 대학 입시 관련 게시판입니다. “제 성적이면 인 서울 대학, 가능한가요?”라는 게시물 제목이 눈에 띕니다. 비슷한 뉘앙스로 많은 학생이 자신의 성적으로 인 서울 대학에 갈 수 있을지 묻고 있습니다.

인 서울 대학은 말 그대로 서울 안(In)에 있는 대학을 말합니다. 당시 많은 학생이 서울에 있는 대학을 희망했습니다. 2000년대 초반까지만 하더라도 지방의 주요 도시에 위치한 지방 거점 국립대는 인기가 있었습니다. 각 지방의 인재들이 자신의 집에서 통학 가능하거나 되도록 가까운 지역의 대학으로 진학한 것인데요. 그러나 2020년대에 이르자 지방에 사는 학생들도 서울에 있는 대학으로 진학하려는 흐름이 뚜렷해졌습니다.

학생들은 왜 '인 서울' 대학을 희망하게 된 걸까요? 바로 일자리가 서울과 수도권에 쏠려 있었기 때문입니다. 당시 커다란 기업의 본사나 공장, 공기업은 대체로 서울에 몰려 있었습니다. 대한민국이 경제 성장을 이루던 1970~2000년대까지는 조선이나 철강 등의 제조업이 우리나라의 경제 발전에 큰 영향을 미쳤습니다. 덕분에 지방에도 중화학 공업이 발달한 창원이나 여수, 군산, 마산 등의 산업 도시가 발전했습니다.

그러나 4차 산업혁명 이후 우리나라의 산업 구조가 서비스업과 첨단산업 중심으로 변화하면서 지역 간 균형 발전에도 문제가 생겼습니다. 첨단산업은 과거 공업 도시와 달리 원료 수출이나 수입에 유리한 항구가 필요 없었고, 넓은 땅도 필요가 없었습니다. 그보다는 연구 시설이 몰려 있거나, 교통이 편리하고, 생활하기 좋은 곳에 첨단산업 시설이 들어섰지요. 이에 따라 서비스업, 첨단산업과 관련된 IT 기업은 대부분 수도권에 몰리기 시작했습니다. 이른바 지역 불균형이 심각해진 것입니다.

2019년을 기준으로 우리나라 1000대 기업 중 수도권에 본사를 둔 기업은 74%에 달했는데, 특히 스타트업의 수도권 쏠림 현상이 더욱 심각했습니다. 괜찮은 기업의 본사 및 계열사가 수도권에 몰리고 지방에는 부족하다 보니 지역 대학을 졸업해도 갈 만한 일자리가 없는 게 현실이었습니다. 많은 학생이 인 서울 대학을 원하는 데에는 지방의 일자리 부족이라는 커다란 장벽이 숨어 있었던 겁니다.

2019년, 서울이 아니면 안 중요?

2019년 4월 SNS에 '서울 공화국'이라는 단어가 화제의 검색어로 떠올랐습니다. 2019년 강원도에서 대형 산불 사건이 일어났을 당시 방송국의 무심한 태도가 원인이었습니다. 많은 방송에서 산불이 발생한 지 4시간이나 지나 재난 관련 특보를 띄운 탓인데요.

당시 강원도 산불은 국가재난 사태가 선포되고 넓은 면적의 지역이 소실된 대형 사건이었습니다. 당연히 뉴스거리가 될 만한 일이었지만, 수도권이 아닌 지방에서 일어난 이 사건을 언론과 미디어가 단순 보도로 짧게 다루어서 비판의 대상이 되었습니다. 서울 중심의 분위기를 여실히 느낄 수 있는 사건이었습니다. 이 외에도 자연재해나 사건 사고가 발생했을 경우, 수도권에서 벌어진 일은 연일 언론 보도가 이어지나 비수도권의 경우에는 그 보도가 크게 적었습니다.

미디어의 관심만 수도권 중심으로 이어진 게 아니었습니다. 사람들이 즐길 수 있는 문화 시설 역시 '서울' 중심으로 초점이 맞춰져 있었습니다. 이처럼 당시 대한민국의 정치·경제·사회·문화 거의 모든 부분이 서울에 과도하게 집중된 현상을 풍자했던 말이 검색어 '서울 공화국'이었던 것이었지요. 서울이나 수도권에서 영화나 연극, 콘서트 등을 보는 건 어려운 일이 아니었습니다. 민간 극장이나 대형 체육관 등을 포함해 1,000석 이상 규모의 대극장이 총 32곳이나 서울에 몰려 있었기 때문입니다. 전시회나 박물관 등을 찾아가는 것도 쉬운 일이었습니다.

그러나 지방으로 갈수록 민간보다는 지자체별로 설립한 문예회관이나 공공 문화 시설 등이 대부분을 차지했습니다. 지방도 박물관이나 미술관에서 상설전시를 진행하곤 했지만,

주로 역사 유적이나 지역 특산품을 보여 주는 경우가 많았습니다. 인구가 줄어드는 만큼 수익을 낼 수 없으니 문화 시설과 교통 등 인프라*가 나빠지고, 관련 인구도 빠져나갔습니다. 열악한 환경, 서울 중심의 사고방식 때문에 지방살이를 못 견뎌 떠나거나 지방으로 직장이 이전되어도 터전을 옮기지 않는 경우가 많았습니다.

그리고 이러한 경향은 지방이 사라질 위험으로 이어졌습니다. 인터넷 게시판에서는 국가의 모든 역량과 미디어의 관심이 수도권에 집중된 이 현상을 해결해야 한다는 여론이 커졌습니다.

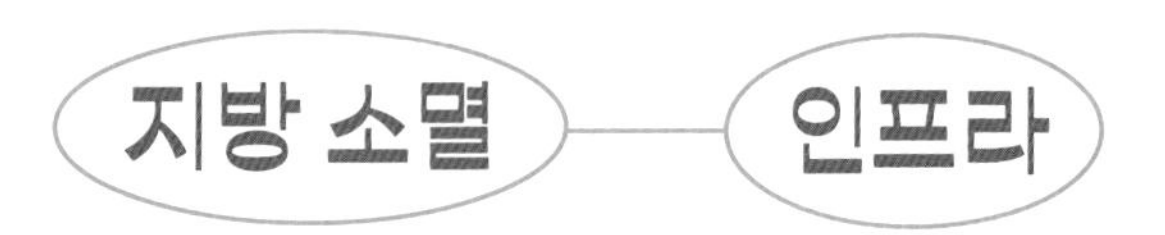

사라지는 도시

2022년, 지방의 학교가 사라진다

지금 보시는 장면은 2022년 2월 한 초등학교 졸업식입니다. '꿈과 슬기로움을 키우는 즐거운 학교'라는 간판이 보입니다. 지방의 한 농촌 마을에 자리한 이 학교. 졸업식 현장이 어쩐지 단출합니다. 교장 선생님과 교감 선생님, 담임 선생님, 그리고 졸업생 2명이 자리를 지키고 있습니다. 교장 선생님의 축사를 들어 보시죠.

나희도(65세, 교장) : 이번에 두 졸업생을 끝으로 우리 학교

는 아쉽게도 이제 문을 닫습니다. 우리 학교의 마지막 졸업생임을 잊지 말고 넓은 세상으로 나아가서 힘차게 생활하길 바랍니다.

졸업생도, 학부모와 교사도 모두 눈물을 훔치고 있는데요. 이 학교가 오늘 졸업식을 마지막으로 개교 80여 년 만에 역사 속으로 사라지기 때문입니다. 학교가 위치한 마을은 이미 10여 년 전부터 인구가 줄어서 재학생이 20여 명인 분교가 되었습니다. 1980년대만 해도 전교생이 수백 명에 이르렀지만 젊은이들이 마을을 떠났습니다. 결국 학교도 역사의 뒤안길로 사라진 것이지요. 이 지역에서 어린아이가 태어난 것은 이미 5년 전의 일입니다.

2022년, 이미 비수도권에서는 폐교의 도미노 현상이 이어지고 있었습니다. 학생이 모자라서 두 학년 이상이 한 교실에서 생활하거나, 폐교나 통폐합을 할지 지방 교육청과 학교, 학부모가 함께 논의를 하다 결국 문을 닫는 수순이었습니다. 이 과정을 통해 2022년을 기준으로 폐교한 학교만 해도 3,896곳에 이르렀습니다. 전교생이 60명 이하라 폐교의 문턱에 선 초·중·고등학교도 전국 2,173곳이었습니다. 주로 전남, 강원,

경북 등 지방의 학교가 사라졌습니다.

이렇게 인구가 줄어들어 소멸 위험에 놓인 지역이 계속 늘어날 것이라는 조사 결과가 있었습니다. 여기에서 '소멸'한다는 것은 인구수가 아예 0이 되는 것이 아니라 '도시 기능을 유지하기 어려울 정도로 인구가 줄어드는 상태'를 의미합니다. 2047년이면 229개 기초지자체 전부가 지방 소멸* 위험의 진입 단계에 들어가고, 이 중 157곳이 여기서 더 나아가 지방 소멸 고위험에 처할 거라는 예측도 있었습니다. 이러한 변화는 학교뿐 아니라 다양한 분야에 영향을 주었습니다.

2022년, 아프면 서울로 가야 해

장소를 옮겨 2022년 수도권의 대형병원 인근 동네 모습을 보시죠. '환자방', '풀옵션 원룸'이라는 간판이 걸려 있는 건물들이 눈에 띕니다. 이 숙소의 정체는 무엇일까요.

엄복순(인근 부동산 직원) : **지방에 사는 분들이 큰 병에 걸려 치료를 받으려면 수도권의 큰 병원에 올 수밖에 없잖아**

요. 몇 개월씩 환자나 보호자가 숙박할 곳을 구해야 하는데, 머물 곳이 없거든요. 그래서 이렇게 병원 근처에다가 임시로 방을 구하는 거죠.

이철희(환자방 거주자) : 제가 사는 지역에는 제 병을 치료할 전문의가 없어요.

보시는 것처럼 과거에는 지금과 달리 '큰 병 걸리면 서울로 가라'는 말이 일반적인 상식으로 통하곤 했습니다. 종합 병원이 아예 없는 의료 취약 지역도 지방에 많았습니다. 상황이 이렇다 보니 체력이 약한 암환자가 수백 킬로미터를 통원하기 어려워 환자방을 얻어 생활하는 게 당연했고, 환자촌이 형성되었던 것이지요. 큰 병만 문제가 아니라 지역 단위로 의료 격차가 커서 당시 대한민국에는 의료 소외 지역이 존재했습니다.

이동의 필수 수단인 교통도 마찬가지였습니다. 수도권은 지하철이 1호선부터 9호선까지 있고 늦은 시간까지 버스도 다녔지만 대구나 대전, 부산을 제외하고는 지방에는 도시철도가 마련된 곳이 없었습니다. 그뿐만 아니라 시내 교통이나 시외 교통 인프라가 수도권에 비해 턱없이 빈약한 경우가 많았지요. 그러니 교통이나 의료 등 생활을 위한 기본적인 인프라가 잘 마련된 수도권의 생활에 익숙한 사람들은 지방으로 옮겨 가기 쉽지 않았던 겁니다.

이렇게 지방이 소멸 위험에 처할 경우, 어떤 일이 벌어질까요? 한 지역의 인구가 아무리 줄어도 국토에 포함된 만큼 그 면적의 기능을 유지해야 합니다. 즉 소수라도 남아 있는 인구를 위한 교육과 치안, 교통, 공원 등의 시설과 서비스를 제공해 주어야 하지요. 그러나 인구가 줄어들면 현실적으로 제대로 된 서비스가 제공되기 어렵습니다.

미국의 디트로이트라는 도시에서 그 예를 찾아볼 수 있습니다. 이 도시는 한때 미국 최고의 자동차 생산 지역이었습니다. 그렇지만 1980년대 이후 일본에 밀려 공장이 문을 닫으면서 몰락을 거듭했습니다. 2차 세계대전 직후인 1950년대에는 인구가 180만 명이 넘었지만, 2013년에는 인구가 70만 명 미만으로 떨어졌습니다. 주민들의 평균 소득도 감소했고, 빈부 격차도 심해졌습니다. 세금을 낼 수 있는 사람이 줄어들다 보니 도시의 살림살이도 어려워졌습니다. 결국 2013년에 디트로이트는 재정이 나빠져 도시가 파산했습니다.

이렇게 재정이 나빠지면 도시 유지에 돈이 들고 서비스를 제대로 제공하기 어려워집니다. 그러면 학교나 공원이 폐쇄되고, 경찰이나 소방관이 출동하는 데 시간이 더 들어갑니다. 수돗물을 공급하는 상수도도 유지할 예산이 없어 질 나쁜 수돗물을 제공하게 되고, 도서관이나 박물관 등도 적자가 나서 공공시설이 문을 닫게 되지요. 인구가 텅텅 비니 좋은 서비스를 제공할 수 없고 돈까지 많이 들어가는 문제가 생기는 것이었습니다.

2022년 우리나라의 지방 도시는 이보다 더 심각한 위기에 놓여 있었습니다. 특히 한창 일할 나이의 젊은이들이 줄어들면서 평균 소득이 낮아지고, 지방 재정 또한 어려움에 처할 위험이 높아졌기 때문입니다. 단순히 지방의 문제만이 아니라 나라 전체, 국민 모두에게 큰 부담을 줄 수 있는 위기가 닥친 것이었습니다.

압축 도시 — 지방 살리기

전국이 핫플레이스

20□□년, 모여라 인프라

저는 지금 경상북도의 OO시에 나와 있습니다. 기차역을 중심으로 깔끔한 건물과 아파트, 주택이 보이는데요. 병원과 상가가 기차역 근처에 늘어서 있는 것도 눈에 띕니다. 과거 이 도시는 크게 인구가 줄었지만, 지금은 다시 인구가 늘어나고 있습니다.

고유림(지역 주민) : **근처에 병원, 학교, 시장이랑 쇼핑몰, 도서관 등이 모여 있어서 편해요.**

한때 전자제품을 만들던 도시였던 이곳은 1990년대 이후부터 쇠락의 길을 걸었습니다. 2000년대 이후부터는 공장에서 산업용 로봇이 쓰이고, 임금이 낮은 해외로 공장이 이전하면서 사람들의 일자리가 급격히 줄었습니다. 10만 명이 넘었던 인구는 절반 이하로 줄었고 외곽에는 빈집과 빈 공장, 빈 상가가 늘어섰습니다.

이후 지방자치 단체와 지역 주민들은 도시의 인프라를 더 이상 넓은 지역으로 확장해서는 안 된다는 생각을 하기 시작했습니다. 도시를 넓히는 대신 주거나 상가, 병원이나 학교를 중심 지역으로 압축시켰습니다. 개발이 안 된 지역에 새로운 도시 인프라를 넓히지 않도록 했습니다.

20□□년, 압축 도시 전략

이 방안은 도시를 다시 살리기 위해 성장시키고 확장시키자는 것이 아니라, 선별해서 압축하자는 것이었습니다. 인구가 줄어들고 소멸 위험이 도사리는 모든 곳을 살리려고 지방 재정을 낭비하기보다 성장시켜야 할 곳에 집중적으로 기반 시설과 편의 시설을 만드는 것이죠. 지방에 이른바 압축 도시*가 만들어진 것입니다.

이 압축 도시를 중심으로 도로를 포장하고, 상하수도 시설이나 빈집 보수가 일어났습니다. 대중교통도 편리하게 정비되어 압축 도시 내에서 주민들의 생활이 편리해졌습니다. 이전에는 지방 정부에서 도시 확장 정책을 펼쳐서 외곽 지역에 아파트나 상가를 새롭게 지으면 지을수록, 예전에 중심가였던 곳이 오히려 낡고 쇠락하는 현상이 나타났습니다. 그러나 도시가 중심으로 압축되면서 인구가 모여들고 시설을 유지하는 비용을 아낄 수 있었습니다. 그 결과 중소 도시는 도심을 중심으로 살아났고, 몇몇 도시는 다시 인구가 늘어났습니다.

지방 도시에 인구와 상권이 살아나자 회사와 산업 단지가 들어섰고, 소규모지만 일자리가 생겨났습니다. 성장 때문에 건물이 들어서고 녹지가 줄어들며 몸살을 앓던 도시의 외곽 지역이 푸른 광경을 되찾았습니다. 도시 내부에서도 시민들이 가까이 모여 있는 편의 시설이나 병원, 학교를 걷거나 보드, 자전거를 타고 오고 갈 수 있어 친환경적이었습니다. 덕분에 죽어 가던 도시의 환경도 천천히 되살아나기 시작했습니다.

환자와 의료진이 분주히 오가는 이 병원, 전라남도의 한 지역 병원입니다. 30여 년 전, 이곳은 의료진이 줄어들고 지역의 인구까지 줄어 폐원 위기에 놓인 곳이었습니다. 그러나 지금은 다시 지역의 중점 의료 기관으로서 제 역할을 다 하고 있습니다. 이 지역이 바닷가 관광 도시로 각광받으면서 인구가 다시 늘어난 덕분이었습니다. 이제 이 병원은 지역의 원격 의료까지 담당하면서 진료 범위를 점점 더 넓혀 가고 있습니다.

이러한 변화는 정부가 지방 살리기의 일환으로 각 지역 인프라를 대폭 늘리면서 시작되었습니다. 공공보건 대학을 만들고 지방에 각 대학과 기관을 이전했지요. 그렇지만 형식적으로 공공기관이나 의료 기관을 만들고 이전하는 데 그치지 않았습니다. 각 지역의 기본 바탕을 새롭게 만들기 위한 노력이 계속되었습니다.

무엇보다 중요시한 것은 지역의 일자리였습니다. 정부의 주요 기관인 헌법재판소, 중앙은행, 정부의 주요 부처가 각 지역에 흩어졌습니다. 단순히 공공기관만 지방으로 이전한 것이 아니라 이 지역의 교통 시설과 주거 시설, 공공의료 기관을 쓸모 있게 보충하는 데 주력했습니다. 주요 신문사나 언론사, 대학 역시 지방으로 이전할 경우 보조금을 지원해 적극 유치했습니다. 처음에는 각계각층의 반대가 심했습니다. 특히 서울에 있던 대학이나 병원, 신문사가 이동한다는 소식에, 관련 학생이나 일자리를 둔 직원들의 반대가 거셌습니다. 그러나 각 지역의 학교뿐 아니라 도서관, 전시관, 교통시설 등이 만들어지니 낯선 변화를 사람들은 받아들이기 시작했습니다. 더불어 인터넷 기술이 발달하고 재택 근무가 일상화되면서 일자리를 굳이 옮기지 않고 지방으로 주거지를 자진해 옮기는 사람들도 늘었습니다.

특히 수도권과 닮은 중소 도시를 만들려는 노력 대신 지역마다의 특색을 살려 새로운 도시를 만드는 데 주력한 게 주효했습니다. '서울과 비슷한 도시'나 '작은 서울'이 아니라, 서울과는 다른 개성을 지닌 도시를 만든 겁니다.

예를 들어 OO시는 IT 기업을 유치하기 위해 IT 전문교육 기관과 관련 대학을 유치했습니다. 살기 편리한 문화 시설과 수도권과 연결이 가능한 교통 시설도 확충했지요. 이 지역에서는 하이테크와 소프트웨어를 다루는 스타트업에 창업 지원금을 나누어 주기 시작했습니다. 덕분에 소규모 스타트업이 지역에 자리 잡기 시작했고, 수도권에 있던 몇몇 공업 대학도 이 지역으로 자리를 옮겼습니다. 이 지역은 미국의 실리콘 밸리와 같이 IT 기업과 관련 종사자들이 모이는 도시가 되었습니다.

이처럼 각 지역이 각기 다른 색깔을 찾으면서 수도권에 몰렸던 인구는 점차 지방으로 움직였습니다. 발달된 교통과 통신도 큰 도움이 되었습니다. 재택 근무, 재택 수업이 일반화되고 고속철도로 더 많은 지역이 연결되면서 지역을 넘나들며 통학과 통근을 하는 것도 충분히 가능해졌기에, 이러한 변화도 무리 없이 진행된 것입니다.

이렇게 지역마다 특색이 생기고 탄탄한 기반 시설이 마련되면서 '지방살이'는 촌스럽거나 불편한 것이 아닌 새로운 삶의 방식이 되었습니다. 젊은이들이 각 지역으로 흩어지면서 지방 소멸의 위험성도 줄어들었지요. 이제 사람들은 굳이 집값 높은 서울이나 수도권에 살 필요 없이 자신이 하는 일과 라이프 스타일에 따라 지역을 선택하여 살 수 있게 되었습니다. 이제 서울 공화국이 아닌, 전국이 각기 다른 개성을 지닌 핫플레이스가 된 겁니다.

* **경제개발 계획 :** 국민 경제를 발전시키기 위해 일정 기간을 기준으로 세우는 계획을 말합니다. 우리나라에서는 1960년대부터 중앙 정부가 주도해서 경제개발 계획이 실행되었습니다. 그 결과 농업 중심의 국가에서 공업 중심의 수출국으로 발돋움했지요.

* **인프라 :** 생활이나 산업의 바탕을 이루는 중요한 시설이나 구조물을 말합니다. 도로나 철도, 항구, 발전소처럼 생산을 위한 시설뿐 아니라 병원이나 학교, 상하수도처럼 주민들의 생활을 위한 시설과 구조물을 인프라라고 합니다.

* **지방 소멸 :** 저출산, 고령화로 인구가 줄어들고, 지방에서 수도권으로 인구가 이동하면서, 지역의 인구가 줄어드는

현상을 말합니다. 지방 소멸이 일어나면 지역의 산업이 쇠퇴하고, 병원이나 학교 등 지역의 중요한 시설이 제 기능을 하기 어려워집니다. 더불어 지역 주민의 생활도 불편해지고 대도시와 지방 사이의 불균형은 더욱 심각해집니다.

* **압축 도시** : 도시의 확산을 막고 주거, 직장, 상업, 편의 시설 등 일상적인 도시 기능들을 가급적 원래의 시가지 내부로 가져옵니다. 이로써 중심으로 인구를 모으고 토지를 압축적으로 쓸 수 있게 유도하는 도시 계획 개념입니다. 흩어져 있는 자원의 이동을 줄여 더 효과적으로 사용하고, 에너지의 효율을 높이며, 교통비를 감소시켜 오염 발생을 줄일 수 있습니다.

7

장애인 인권

“모두를 위한 정류장에서
눈을 가려 보겠습니다”

꿈꾸냐옹
BUS

냐옹 기자 여러분, 안녕하십니까? 〈사라진 것을 보여 드림〉의 AI 고양이 기자, 꿈꾸 냐옹입니다!
저는 지금 시야 카메라의 기능을 끄고, 그러니까 눈을 가린 상태로 '모두를 위한 버스 정류장'에 나왔습니다. 바닥 패드를 따라가니 한쪽 벽에 무언가 올록볼록 느껴집니다. 시각 장애인들이 읽을 수 있는 점자로 된 AI 패드입니다. 제가 타야 할 버스가 어디쯤 있는지 알려 달라고 해보겠습니다.

냐옹 기자 34번 버스를 타려고 해. 몇 분 후에 도착하는지 알려 줘.

안내 음성 34번 버스는 현재 세 정거장 앞인 미래초등학교 앞에 있습니다. 10분 후 도착합니다. 버스가 도착하면 기사님에게 대기 안내 신호를 보낼까요?"

냐옹 기자 자, 제가 OK 버튼을 누르고 기다리자 10분 후 예측대로 34번 버스가 오는데요. 시각 장애인을 위한 점자 블록 길을 따라 제가 버스를 완전히 탈 때까지 정류장에는 대기 안내 신호가 켜져 있습니다.
보시는 것처럼 시각 장애인이 이용하기에 안전해 보이는데요. 실제 시각 장애인에게 이곳이 어떤지 물어보겠습니다.

이서준(18세, 시각 장애인) 좋죠! 여기 버스 정류장을 자주 이용해요.

버스 정류장의 지면 높이가 버스의 바닥 높이와 같아서 타고 내릴 때 안전하다고 느껴요.

양지연(44세, 시민) 이 버스 정류장은 하루에 저 같은 시민들이 수백 명 오가거든요. 휠체어를 탄 노인, 유아차를 모는 부모, 교통사고로 다친 다리에 깁스를 한 학생, 청각 장애가 있는 사람 등등 여기서 다 만나요.

냐옹 기자 네, 정말 다양한 연령대와 모습의 사람들이 이곳을 찾고 있습니다. 이 모든 사람이 이용 가능한 버스 정류장은 이제 전국 대다수 지역에서 찾아볼 수 있는데요. 그런데 이 정류장, 지금은 당연한 것으로 여겨지지만 한때는 당연하지 않았습니다.
지금의 모두를 위한 버스 정류장이 생기기까지, 그 역사 속으로 떠나 보시죠. 냐옹!

장애인 이동권 — 교통 약자

외출은 험난한 여정

2022년, 집을 나서면 눈치가 보여요

한 남자가 전동 휠체어를 타고 외출에 나섭니다. 2022년, 장애가 있는 유튜버 구산영 씨가 올린 일상 브이로그의 한 장면입니다. 오늘 그는 서울의 서쪽 동네에서 시작해 동쪽 동네까지 가는 것이 목표라 밝힙니다.

그런데 길을 나서자마자 그에게 기다림의 시간이 이어집니다. 그가 탈 수 있는 버스는 저상버스뿐이니까요. 기다린 지 20분 만에 저상버스가 오자 비로소 버스 기사에게 손을 치켜 들고 소리를 질러 자신이 타야 한다는 사실을 열심히 알립니다. 저상버스의 자동 슬로프가 내려와 정류장의 바닥에 닿자 그는 수동 휠체어의 바퀴를 부지런히 굴려 비로소 버스에 탈 수 있었습니다.

그러나 난관은 계속됩니다. 휠체어가 놓여야 할 교통 약자석에 승객 한 명이 이미 앉아 있었기 때문입니다. 구산영 씨가 자리를 비켜 달라고 부탁하고, 겨우 휠체어가 자리를 잡자 버스가 급하게 출발해 버립니다. 아직 좌석 옆에 달린 벨트로 휠체어를 제대로 고정시키지 못했는데 말이죠. 그의 휠체어가 이동하면서 버스 출발이 늦어지자, 주변의 승객과 버스 기사의 눈치를 보는 구산영 씨의 모습이 화면이 비치기도 합니다.

구산영(24세, 유튜버) : **휠체어를 고정하지 못해서 버스가 이동할 때 바퀴가 구르기라도 하면 제 목숨이 위험해질 수 있어요. 교통이 혼잡하고 다른 승객들도 있으니, 버스 기사님이 급히 출발하시는 걸 텐데… 평일 오후 이 시간에도 버스를 타는 게 쉽지 않아요. 주말은 말할 것도 없고요.**

이어서 구산영 씨는 과거 휠체어를 타고 유럽의 한 나라에서 대중교통 시설을 이용해 여행하던 일을 회상합니다. 여행

2020년 영국에서 버스에 오르는 휠체어 장애인

당시 시민들은 그가 버스에 탈 수 있도록 서로 나서서 도움을 주었고, 버스 기사도 최대한 그를 배려했다고 합니다.

구산영(24세, 유튜버) : 그 나라에서는 버스 기사님이 내리고 탈 시간을 충분히 기다려 줬어요. 승객들도요. 장애인뿐 아니라 유아차를 끄는 사람, 나이가 많은 사람, 목발을 짚고 있는 사람 모두 비슷한 친절을 경험해요.

2022년, 누구나 겪을 수 있는 일

버스에서 내린 구산영 씨가 향한 곳은 지하철역입니다. 그는 1호선을 타고 3호선으로 이동할 예정입니다. 엘리베이터를 타고 지하철역에 내려가야 하지만, 엘리베이터 앞에는 이미 고령자와 유모차 이용자, 일반 승객이 뒤섞여 있습니다. 그래도 2022년 기준 서울의 엘리베이터 설치율은 93.6%에 이르기 때문에 사정이 나은 편입니다. 그마저 설치가 안 된 곳은 장애인용 리프트를 타야 합니다. 그리고 이 리프트를 타기 위해서는 역무원을 호출해야 합니다.

구산영(24세, 유튜버) **: 몇 년 전에 엘리베이터가 없는 역에서 환승을 해야 해서 리프트를 탔었는데 갑자기 중간에서 멈춘 거예요. 막막해서 지하철 역무원을 호출했는데 그분도 당황해서 어떻게 해야 할지 모르시더라고요.**

겨우 지하철 승강장에 도착한 구산영 씨. 열차가 도착했지만 승강장과 열차 사이의 틈이 너무 넓어서 휠체어 바퀴가 빠질 위험이 높습니다. 미리 조사를 해온 그는 역사에 이동식 안전 발판 설치를 요청해 봅니다. 그러나 열차 도착 시각을 제때 맞추지 못해 그는 결국 원하는 시간에 지하철을 타지 못했습니다. 다음 열차를 간신히 탔지만 휠체어를 고정할 시간이 여전히 부족합니다. 이윽고 서울 중심 시내에서 약속한 시간보다 1시간 늦게 도착하는 것으로 험난한 여정이 끝납니다.

구산영(24세, 유튜버) : **지하철이나 버스를 타지 않고 장애인 콜택시를 타면 되지 않냐고 말씀하시는 분들이 계세요. 하지만 정작 장애인 콜택시를 타려 해도 배차가 되어서 오기까지 30~40분 이상 걸리는 경우가 많거든요. 어떤 지역에서는 장애인 콜택시를 하루 전에 예약해야만 이용할 수 있고, 병원에 갈 때 아니면 인근의 지자체로 이동할 수 없어요.**

그는 마지막으로 의미 있는 한마디를 남깁니다.

구산영(24세, 유튜버) : 장애인 이동권**을 보장해 달라는 시위를 못마땅해하는 분이 많죠. 바깥으로 나오지 말라고 대놓고 막말을 하는 분들도 있고요. 저도 몇 년 전 사고가**

나기 전까지는 비슷한 의견이었습니다. 그런데 저처럼 원래 비장애인이었는데 사고나 질병으로 장애인이 되는 경우가 우리나라 전체 장애인의 90% 가까이 됩니다. 누구든 장애를 입고 비슷한 상황을 겪게 될 가능성이 높지만, 다들 그런 사실을 잊고 있는 것 같아요.

2021년, 위험천만 대중교통

이번에는 비슷한 시기, 서울의 한 지하철역을 보겠습니다. 에스컬레이터 앞을 폴리스 라인으로 둘러막은 모습이 눈에 띕니다. 이곳에서 전동 휠체어를 탄 장애인 한 명이 지하철역 에스컬레이터를 이용하다 사망했습니다. 가파른 에스컬레이터 때문에 휠체어가 뒤집혀 추락사한 것입니다. 고인은 뇌병변 장애인으로 사고 당일 일자리 면접을 다녀오다 사고를 당한 것으로 알려졌습니다.

왜 그는 역의 엘리베이터를 두고 에스컬레이터를 탔을까요? 조사 결과에 따르면 이 역의 엘리베이터는 입구의 폭이 다른 역보다 좁아 휠체어가 진입하기 쉽지 않아, 고인이 에스컬

2014년 지하철역 안에서 휠체어 리프트를 타는 장애인

레이터로 향했을 것이라는 지적이 있었습니다. 그뿐만 아니라 에스컬레이터에 진입하는 입구에는 휠체어가 들어서지 못하도록 중간에 차단봉이 있어야 하지만 그 역시 설치되지 않은 상태였습니다. CCTV를 확인해 보니 고인이 에스컬레이터를 타기 전에 엘리베이터를 잠시 쳐다봤지만 아마 타기 쉽지 않을 거라 판단했을 거라는 추측도 이어졌습니다.

장애인들이 지하철에서 다치거나 사망한 일은 이 사건이 처음이 아닙니다. 지난 수십 년간 이어지던 상황이었습니다.

2001년 설 연휴였던 1월에는 수도권의 한 역에서 휠체어를 타고 이동하던 노부부가 휠체어 리프트를 이용하다가 승강기 케이블이 끊어져 추락한 사건이 있었습니다. 이후에도 휠체어 리프트를 이용하다가 추락해 사망하는 사건, 환승을 위해 역무원 호출 버튼을 누르던 장애인이 사망한 사건 등이 이어져 충격을 주었습니다.

2022년, 교통 약자가 살기 힘든 한국

당시 우리나라에는 장애인뿐 아니라 고령자, 임산부, 어린이나 영유아를 동반한 사람들을 교통 약자*로 규정해, 이들의 이동을 편리하게 만들기 위한 '교통약자법'이 마련되어 있었습니다. 그렇지만 이 법이 닿지 못하는 영역이 많아 문제였는데요. 예외 조항이 마련되어 법을 빠져나갈 수 있거나 강제력이 약한 조항이 많았습니다.

또한 국가 차원의 예산이 부족해 실행이 어려운 경우도 많았습니다. 한 예로 2017년부터 2021년까지 저상버스 도입을 위해 원래는 4,317억 원이 필요했지만, 실제로 예산이 편성

된 규모는 2,364억 원에 불과했습니다. 우리나라의 전체 예산에서 복지 지출이 적은 데다가 그 안에서도 장애인 이동권 보장을 위한 예산 편성은 뒤로 밀렸기 때문입니다.

지하철과 승강장 간의 간격이 넓어 바퀴가 빠지거나 시각장애인이 발 빠짐 사고를 겪는 일도 많았습니다. 버스의 경우에도 비슷한 상황이 이어졌습니다. 교통 약자들을 위해 계단을 없애 수월하게 타고 내릴 수 있는 버스를 '저상버스'라고 합니다. 이런 버스들은 출입문에 슬로프가 설치되어 있어 휠체어를 타고 내리는 장애인도 이용 가능합니다. 대부분 교통 약자를 위한 의자는 휠체어를 타고도 앉을 수 있도록 접이식 의자가 설치되어 있었지요. 2020년만 해도 시내버스의 저상버스 도입률은 30% 정도에 머물러 있었습니다. 도시 지역이 아닌 지방에서는 저상버스를 찾아보기가 어려웠고요.

더욱이 휠체어 장애인들에게 조사한 결과, 절반 이상이 저상버스를 타본 적이 없다고 대답한 항목도 있습니다. 목적지까지 가는 저상버스가 없거나, 버스 내부의 안전장치가 미비해 타기가 어렵다는 점, 오래 기다려야 하는 것을 그 원인으로 꼽았습니다.

이런 점을 종합해 보았을 때, 우리나라의 장애인 이동권

보장은 해외의 다른 선진국들에 비해 뒤떨어진 수준이었습니다. 미국이나 영국은 고속버스의 경우 휠체어 장애인들이 탈 수 있도록 휠체어 리프트가 설치되어 있었습니다. 네덜란드는 전체 버스의 약 98%가 장애인이 이용 가능하도록 바닥이 낮게 설치되어 있고, 시각 장애인과 청각 장애인을 위해 영상과 소리로 방송이 지원되고 있었습니다. 그에 비해 교통 약자를 위한 우리나라의 상황은 갈 길이 먼 상태였습니다.

배리어 프리 — 장애인 인권

모두를 위한 공간

20□□년, 교통 약자 없는 세상

전동 휠체어를 타고 다니는 지체 장애인 민자유 씨. 지방 소도시에 사는 그는 이번 여름에 대중교통으로 서울 시내를 관광하려는 계획을 짜고 있습니다. 그가 보고 있는 것은 서울시 교통 약자 홈페이지로, 이 홈페이지에서는 교통 정보뿐 아니라 '누구나 이용 가능한' 관광 정보를 제공하고 있습니다.

현재 서울의 모든 버스는 저상버스로 운영되고 있고, 수동과 전동 휠체어 모두 버스에 승차 가능합니다. 서울 곳곳의 지하철 역시 교통 약자용 엘리베이터가 설치되어 승강장에 쉽게

오갈 수 있습니다.

민자유(19세, 학생) : **이번 여름에 2박 3일 동안 대중교통으로 서울에서 고궁이랑 쇼핑몰을 관광할 계획이에요. 때에 따라선 장애인 콜택시도 이용하려고요. 호출하면 10분 내에 숙소 앞에 도착해요.**

장애인들이 접근 가능한 여행 명소를 알려 주는 사이트를 운영 중인 윤동이 씨. 자신도 지체장애인인 그는 자신의 블로그를 통해 더 많은 장애인이 새로운 곳을 찾아다니며 여행을 할 수 있다는 사실에 뿌듯함을 느낀다고 말합니다.

윤동이(27세, 블로거) : **청각 장애인, 시각 장애인이 대중교통을 이용하는 거 전혀 어렵지 않죠. 안내 장치가 잘되어 있으니까. 도우미 로봇의 도움도 쉽게 받을 수 있고.**

오늘날 청각 장애인은 다양한 교통수단을 이용할 수 있습니다. 특히 택시가 편리한데요. 청각 정보를 시각 정보와 진동으로 바꾸어 운전자에게 알려 주고, 운전석과 뒷자리에 설치된 태블릿으로 요청 사항을 주고받을 수도 있기 때문입니다.

과거 장애인 사고가 이어졌던 지하철역도 많이 바뀌었습니다. 서울뿐 아니라 부산이나 대구, 대전 등 전국의 지하철역에는 역마다 지상에서 승강장까지 교통 약자가 타인의 도움 없이 엘리베이터로 이동할 수 있는 동선(1역사 1동선)을 만들었습니다. 또한 그동안 문제가 되어 왔던 휠체어 리프트를 없애고 엘리베이터의 개수를 늘렸습니다. 엘리베이터 안에는 청각·시각 장애인이 편리하게 이동할 수 있도록 승강기의 도착 시간과 위치, 진행 방향 등을 안내하는 장치를 만들었고요.

장애인뿐만 아니라 유아 동반자, 노약자를 위한 안전 시설과 화장실도 역마다 있습니다. 점자를 이용한 남녀 화장실 구분은 당연하고요. 점자 및 음성으로 손잡이와 통로를 안내하는 터치 보드도 있습니다.

20□□년, 공감에서 시작된 새로운 법

이러한 변화는 어디에서 비롯되었을까요?

첫째, 우리 사회가 빠르게 고령화되면서 교통 및 생활 시설이 바뀌어야 한다는 공감대가 널리 퍼졌습니다. 노인의 수가 늘어나면서 거동이 힘들면 지하철역이나 버스의 계단, 키오스크, 공공 화장실을 이용하기 힘들다는 걸 많은 사람이 깨닫게 된 것입니다. 그 결과 누구나 불편함 없이 대중교통을 이용해야 한다는 생각이 널리 퍼졌고, 이러한 생각의 변화를 바탕으로 관련 법률이 바뀌었습니다. 이후 공공시설이나 건물, 대중교통 디자인을 할 때 장애를 가진 담당 공무원과 디자이너와 건축가 등을 적극 기용한 것도 변화에 큰 몫을 했습니다.

둘째, 교통약자법에 의무 조항을 늘린 영향도 컸습니다. 시내버스 회사가 새 차를 들여올 때 저상버스 도입을 의무화하는 내용이 강제되고, 고속버스의 저상버스 보급률도 높이는 조항을 만들었습니다. 그뿐만 아니라 교통 약자들이 버스 정류장을 배리어 프리(Barrier Free, BF)*, 즉 어려움 없이 접근할 수 있도록 노력하는 법을 만들었습니다.

셋째, 교통 약자가 이용하기 쉬운 길을 마련하여 이를 지도, 공공 안내 어플리케이션, 배리어 프리 인공지능의 도움을 받게 한 것도 큰 역할을 했습니다. 이제 장애인들은 어플리케이션나 배리어 프리 인공지능에게 가장 가까운 화장실과 지하철역 엘리베이터의 위치를 물어보고, 다양하게 안내받을 수 있습니다.

예를 들어 최근에 ◇◇사가 개발한 배리어 프리 인공지능은 장애인들에게 일종의 개인 비서와 같은 역할을 하고 있는데요. 위성지도나 역 안내도를 활용해 근처에 이동을 방해하는 장애물이 있는지, 어떤 길로 이동해야 가장 빠른지 안내해 줍니다. 청각 장애인의 경우에는 길을 지나가는 사람이나 역무원 등에게 인공지능이 대신 길을 물어봐 주는 역할도 가능합니다.

단순히 시설 변화뿐 아니라 비장애인의 인식과 관심을 바꾸는 데도 노력을 기울였습니다. 장애인 인권 단체와 정부는 손잡고 SNS나 TV 방송을 통해 장애인과 함께 대중교통을 이용하는 방법을 알려 주는 공익 광고와 프로그램을 제작했습니다. 지하철역에 이러한 광고가 계속 등장하자, 역에서 장애인들이 어려움을 겪고 있을 때 시민들은 이들을 돕거나 양보하는 등의 여유와 노하우를 쌓아 갔습니다.

20□□년, 모두를 위한 모든 공간

이제 모두를 위한 공간은 교통수단뿐 아니라 지역의 곳곳으로 확대되고 있습니다. 공공건물이나 공공화장실 역시 배리어프리를 위한 설계가 되어 있습니다. 공공건물부터 인도에서 건물까지 진입하는 접근로의 경계 부분에 높이 차이가 발생하지 않도록 했고, 시설 내부에도 계단 외의 경사로를 완만하게 만들어 휠체어나 유아차가 편히 위아래로 이동하게 만들었습니다.

버스 정류장뿐 아니라 건물 입구, 택시 승강장, 키오스크까지 모두 배리어 프리 디자인이 적용되기 시작했기 때문입니다. 이 키오스크에 다가가면 휠체어, 시각, 청각 중에서 모드를 선택할 수 있습니다. 휠체어를 선택할 경우 사용자의 키를 파악해 높이를 자동으로 조절하고, 시각을 선택하면 시각 장애인을 위해 음성 안내가 나오며 이어폰을 꽂고 음성을 들을 수도 있습니다. 또한 점자 디스플레이도 가능하고 저시력자와 청각 장애인을 위해 화면에 아바타가 나와 수어로 안내를 합니다. 교통 약자의 불편을 줄이고 편리함을 높이기 위한 노력이 도시 공간 곳곳에 스며들어 있는 것이죠.

자, 저는 다시 처음 서 있던 '모두를 위한 버스 정류장'에 섰습니다. 마침 유아차를 몰고 나온 한 부부가 보이네요. 이 버스 정류장 이용이 어떤지 물어보겠습니다.

이홍새(35세, 시민) : **유아차를 끌고 아이랑 다니는 데에 전혀 부담이 없습니다. 버스 타기도 쉽고, 길에도 이동을 가로막는 불편한 턱이 별로 없어요.**

이곳은 처음에 장애인을 위한 버스 정류장으로 설계되었지만 그 변화를 통해 영유아를 동반한 부모와 거동이 불편한 노인, 손이나 다리를 다쳐 자유로운 움직임이 어려운 시민 모두에게 혜택이 돌아갔습니다. 길고 험난한 길을 걸어왔지만 결국 모두를 위한 버스 정류장이 마련된 셈입니다.

* **교통 약자** : 장애인이나 고령자, 그리고 임산부나 영유아와 함께 이동하는 사람, 어린이 등 일상생활에서 이동에 불편을 느끼는 사람들입니다.

* **배리어 프리(Barrier Free, BF)** : 장애인, 고령자, 임산부 등 사회적 약자들이 일상생활에서 부딪히는 물리적인 장애물이나 심리적인 장벽을 없애기 위한 사회적인 운동 또는 정책을 뜻합니다.

다른 포스트

뉴스레터 구독

미래에서 전해 드립니다

훨씬 살 만한 세상을 위한 상상 뉴스,
인권에서 기후 재난까지

초판 1쇄 2023년 10월 21일

지은이 태지원

펴낸이 김한청
기획편집 원경은 차언조 양희우 유자영
마케팅 현승원
디자인 이성아 박다애
운영 설채린

펴낸곳 도서출판 다른
출판등록 2004년 9월 2일 제2013-000194호
주소 서울시 마포구 동교로 27길 3-10 희경빌딩 4층
전화 02-3143-6478 **팩스** 02-3143-6479 **이메일** khc15968@hanmail.net
블로그 blog.naver.com/darun_pub **인스타그램** @darunpublishers

ISBN 979-11-5633-583-2 43300

다른 생각이
다른 세상을 만듭니다